A REALIDADE VIRTUAL

E O
INCONSCIENTE

I0782052

"A verdadeira viagem de descobrimento não consiste em buscar novas paisagens, mas em ter novos olhos."

- Marcel Proust

Jorge Franck

A REALIDADE VIRTUAL E O INCONSCIENTE

Psicanálise na Era Digital

1ª edição

1º da Série
Sem Divã

Copyright @ Jorge Franck, 2024
Todos os direitos reservados ao autor.

Este livro foi produzido inteiramente pelo autor.
Todas as imagens no livro foram geradas por Inteligência
Atificial, quaisquer semelhança com pessoas reais é
mera coincidência.

É proibida a duplicação ou reprodução deste livro, no
todo ou em parte, sob quaisquer forma ou por quaisquer
meios (eletrônico, mecânico, gravação, fotocópia,
distribuição na Web e outros), sem a permissão
expressa do autor.

Dados Internacionais de Catalogação na Publicação (CIP)
(Câmara Brasileira do Livro, SP, Brasil)

```
Franck, Jorge
    A Realidade Virtual e o Inconsciente [livro
impresso] : psicanálise na era digital / Jorge
Franck. -- 1. ed. -- Rio de Janeiro : Ed. do Autor,
2024. -- (Série sem divã)
    151p. : 22cm

    Bibliografia.
    ISBN 979-83-33-77757-7

    1. Cultura digital 2. Inconsciente (Psicologia)
3. Inteligência artificial 4. Psicanálise
5. Realidade virtual - Aspectos psicológicos
I. Título. II. Série

24-214710                                CDD: 153.22
```

Índices para catálogo sistemático:

1. Realidade virtual : Psicologia 153.22

Aline Graziele Benitez - Bibliotecária - CRB-1/3129

4

SOBRE O AUTOR

Jorge Franck, Psicanalista Clínico, vinculado a Sociedade de Análises Psicanalíticas e Desenvolvimento Humano - SAPDH.

Analista de Sistemas, com um amplo conhecimento em Tecnologia da Informação desde 1984.

Nascido em 21 de Julho de 1962, na cidade do Rio de Janeiro, RJ.

REDES SOCIAIS DO AUTOR

Canal no YouTube:
Jorge Franck: Psicanálise Sem Divã
https://www.youtube.com/@JorgeFranckPsicanaliseSemDiva7

E-mail:
franckparra@yahoo.com.br

X Twittter:
@PSI_JorgreFranck
https://x.com/PSI_JorgeFranck

Facebook:
psi.jorgefranck
https://www.facebook.com/psi.jorgefranck

Instagram:
@franckjlfp
https://www.instagram.com/franckjlfp/

Telegram:
@franckjlfp
https://t.me/https://www.telegram/franckjlfp

SUMÁRIO

PREFÁCIO

Sou Jorge Franck, Psicanalista Clínico, formado pela Sociedade de Análises Psicanalíticas e Desenvolvimento Humano SAPDH, onde, no momento estou vinculado.

Também sou Analista de Sistemas, com um amplo conhecimento em Tecnologia da Informação desde 1984.

Tenho me dedicado ao estudo do inconsciente e à aplicação de conceitos psicanalíticos na compreensão do comportamento humano.

Nos últimos anos, meu interesse por tecnologia, especialmente pela realidade virtual, me levou a explorar novas fronteiras no campo da psicanálise.

A ideia de criar este e-book surgiu a partir de um vídeo que produzi para meu canal no YouTube, "Jorge Franck: Psicanálise Sem Divã", intitulado "A Realidade Virtual e o Inconsciente: Psicanálise na Era Digital".

A recepção positiva e o engajamento do público com o tema me motivaram a aprofundar a pesquisa e desenvolver um conteúdo mais abrangente e detalhado.

Este e-book é o primeiro da série **Sem Divã**, que pretende abordar diversos aspectos da psicanálise com o uso de novas tecnologias.

AGRADECIMENTOS

Gostaria de expressar minha profunda gratidão a todos que contribuíram para a criação deste e-book.

Agradeço a minha família, minha mãe Regina, esposa Lucia, filha Nathane, neto Jorginho, neta Maria Alice, aos meus amigos, aos meus colegas e mentores psicanalistas pela orientação e feedback inestimáveis.

Um agradecimento especial à SAPDH onde me formei e que sempre me mantém atualizado dos temas relacionados a psicanálise, sem os quais, o entendimento da complecidade da mente humana não seria possível.

Agradeço também às instituições acadêmicas e organizações profissionais que forneceram recursos e apoio durante minha pesquisa. O suporte dessas entidades, foi fundamental para este e-book.

Por fim, quero agradecer ao público do meu canal no YouTube, **"Jorge Franck: Psicanálise Sem Divã"**. Seu interesse, engajamento e apoio contínuos foram a principal fonte de inspiração e motivação para este projeto. Espero que este e-book atenda às suas expectativas e contribua para o seu crescimento e desenvolvimento pessoal e profissional.

Com gratidão,
Jorge Franck

OBJETIVO DO E-BOOK

O principal objetivo deste e-book é oferecer uma visão detalhada e acessível sobre como a realidade virtual pode ser utilizada para explorar o inconsciente na psicanálise. Vivemos em uma era onde a tecnologia está transformando todos os aspectos da nossa vida, e a saúde mental não é uma exceção. Entender essas novas ferramentas e suas implicações é crucial para qualquer profissional de saúde mental que deseja estar na vanguarda do seu campo.

Este e-book é destinado a profissionais de saúde mental, estudantes de psicologia, psicanalistas, entusiastas de tecnologia e qualquer pessoa interessada em psicanálise. Espero que ele sirva como um recurso valioso, fornecendo insights práticos e teóricos que possam ser aplicados em contextos clínicos e de pesquisa.

A estrutura do e-book foi cuidadosamente organizada para facilitar a compreensão e o engajamento. Dividido em cinco capítulos principais, cada um abordando diferentes aspectos da interseção entre realidade virtual e psicanálise, este e-book levará você a uma jornada fascinante pelo futuro da terapia e da exploração do inconsciente.

INTRODUÇÃO

Nos últimos anos, a realidade virtual (RV) tem emergido como uma das tecnologias mais revolucionárias e transformadoras. Suas aplicações abrangem uma vasta gama de campos, desde o entretenimento e a educação até a medicina e a terapia. A RV está redefinindo a forma como interagimos com o mundo digital, oferecendo experiências imersivas que podem simular ambientes reais ou criar mundos totalmente novos. Essa capacidade de transportar os usuários para ambientes diferentes, combinada com a interatividade oferecida pela RV, abre possibilidades sem precedentes para explorar e entender a mente humana.

Por outro lado, a psicanálise, com suas raízes profundas no estudo do inconsciente, continua a oferecer insights valiosos sobre o comportamento, os pensamentos e as emoções humanas. Desde sua fundação por Sigmund Freud, a psicanálise tem se concentrado em desvendar os mistérios da mente inconsciente, revelando como nossas experiências passadas, desejos reprimidos e conflitos internos moldam nosso comportamento e nossa psiquê.

Este e-book explora a fascinante interseção entre esses dois campos: a realidade virtual e a psicanálise. Ele examina como a RV pode ser utilizada como uma ferramenta poderosa para acessar e compreender o inconsciente humano, proporcionando novos métodos para a prática psicanalítica e oferecendo oportunidades para a terapia e o autoconhecimento.

A REVOLUÇÃO DA REALIDADE VIRTUAL

A RV tem o potencial de criar experiências tão realistas que podem enganar nossos sentidos, fazendo-nos acreditar que estamos presentes em um ambiente diferente. Essa tecnologia utiliza headsets, luvas táteis e outros dispositivos para mergulhar os usuários em um mundo tridimensional interativo. Aplicações como jogos, simulações de treinamento e visitas virtuais a locais remotos já demonstraram a capacidade da RV de engajar e educar de maneiras inovadoras.

PSICANÁLISE E TECNOLOGIA

A psicanálise, tradicionalmente praticada em um ambiente terapêutico presencial, também está começando a se beneficiar das inovações tecnológicas. A RV oferece uma nova dimensão à prática psicanalítica, permitindo que os terapeutas criem cenários específicos que possam evocar respostas emocionais e revelar aspectos do inconsciente dos pacientes. Por exemplo, um paciente pode ser colocado em uma situação virtual que reproduza um evento traumático de sua infância, permitindo que o terapeuta observe suas reações e trabalhe com essas emoções de forma controlada e segura.

O INCONSCIENTE NA ERA DIGITAL

O inconsciente é uma parte crucial da psicanálise, representando os pensamentos, memórias e desejos que estão fora da nossa consciência imediata, mas que influenciam nosso comportamento. Com a RV, podemos criar ambientes que estimulam a mente inconsciente, trazendo à tona memórias reprimidas e facilitando o processo terapêutico. A capacidade da RV de criar experiências imersivas e personalizadas significa que cada sessão pode ser adaptada às necessidades específicas do paciente, tornando a terapia mais eficaz.

A REALIDADE VIRTUAL NA PSICANÁLISE

As aplicações da RV na psicanálise são vastas e promissoras. Desde a criação de ambientes terapêuticos controlados até a simulação de cenários que ajudam os pacientes a enfrentar seus medos e traumas, a RV oferece uma nova ferramenta para os terapeutas. Além disso, a RV pode ser usada para treinamento de terapeutas, proporcionando uma experiência prática e imersiva que complementa a teoria aprendida em sala de aula.

DESAFIOS E OPORTUNIDADES

Embora a RV ofereça muitas oportunidades para a psicanálise, também apresenta desafios. Questões como a acessibilidade da tecnologia, o custo e a necessidade de adaptação dos terapeutas às novas ferramentas são alguns dos obstáculos a serem superados. No entanto, com a evolução contínua da tecnologia e a crescente aceitação da RV no campo terapêutico, as oportunidades para avanços significativos são imensas.

Este e-book, portanto, não só examina as possibilidades oferecidas pela realidade virtual na prática psicanalítica, mas também considera os desafios e as implicações éticas de sua utilização. Ao explorar essa interseção inovadora, esperamos oferecer uma nova perspectiva sobre como a tecnologia pode enriquecer e expandir nossa compreensão do inconsciente humano.

A REALIDADE VIRTUAL NA ATUALIDADE

A realidade virtual (RV) não é apenas uma ferramenta de entretenimento; ela tem o potencial de transformar inúmeros aspectos da vida contemporânea. Sua capacidade de criar ambientes imersivos e controláveis abre novas portas para diversas áreas, oferecendo soluções inovadoras e experiências que antes eram inimagináveis. A seguir, exploramos algumas das principais áreas onde a RV está fazendo uma diferença significativa.

EDUCAÇÃO

Na educação, a RV permite experiências de aprendizagem imersivas que vão além do que é possível em uma sala de aula tradicional. Com a RV, os alunos podem explorar locais históricos, visitar o fundo do oceano ou viajar pelo espaço, tudo isso sem sair da escola. Essas experiências não só tornam o aprendizado mais envolvente e memorável, mas também permitem que os alunos visualizem conceitos abstratos e complexos de maneiras tangíveis. Por exemplo, estudantes de medicina podem praticar cirurgias em ambientes virtuais, ganhando experiência prática sem risco real para pacientes.

MEDICINA

Na medicina, a RV está revolucionando tanto o tratamento quanto a reabilitação. Cirurgiões podem usar RV para planejar operações complexas, visualizando a anatomia do paciente em 3D antes de entrar na sala de cirurgia. Pacientes em reabilitação podem usar RV para realizar exercícios de fisioterapia em um ambiente virtual, o que pode ser mais motivador e menos doloroso do que os métodos tradicionais. Além disso, a RV está sendo usada para tratar fobias e transtornos de ansiedade, expondo gradualmente os pacientes a seus medos em um ambiente seguro e controlado.

PSICOTERAPIA

Na psicoterapia, a RV está começando a ser explorada como uma ferramenta para tratamentos inovadores. A capacidade da RV de criar ambientes imersivos e controláveis proporciona aos terapeutas uma nova maneira de acessar e tratar o inconsciente dos pacientes. Por exemplo, em terapias de exposição, a RV pode ser usada para recriar cenários que evocam emoções ou memórias específicas, permitindo que o terapeuta observe e trabalhe com essas respostas em tempo real. Isso pode ser particularmente útil no tratamento de traumas, onde o paciente pode ser gradualmente exposto a memórias dolorosas em um ambiente seguro, ajudando a desensibilizar essas memórias e reduzir sua influência negativa.

TRANSFORMAÇÃO DA VIDA COTIDIANA

A RV também está começando a transformar outros aspectos da vida cotidiana. No mundo dos negócios, por exemplo, a RV está sendo usada para treinamentos corporativos, permitindo que os funcionários pratiquem habilidades em um ambiente virtual antes de aplicá-las no mundo real. Na arquitetura e no design, a RV permite que os clientes façam um tour virtual por um edifício ou espaço antes de ser construído, proporcionando uma visão clara do produto final e permitindo ajustes antes do início da construção.

NOVAS POSSIBILIDADES E DESAFIOS

Embora as possibilidades oferecidas pela RV sejam vastas, a implementação dessa tecnologia também apresenta desafios. Questões de acessibilidade, custo e a necessidade de adaptação tanto dos profissionais quanto dos usuários às novas ferramentas são algumas das barreiras a serem superadas. Além disso, existem preocupações éticas sobre o uso da RV, como a privacidade dos dados dos usuários e o potencial para vício em ambientes virtuais.

No entanto, à medida que a tecnologia continua a evoluir e se tornar mais acessível, as oportunidades para avanços significativos são imensas. A RV tem o potencial de enriquecer nossas vidas de maneiras que ainda estamos começando a entender. Sua capacidade de criar experiências imersivas e personalizadas não só transforma a forma como aprendemos, tratamos e interagimos com o mundo, mas também nos oferece novas maneiras de explorar e compreender a mente humana.

REALIDADE VIRTUAL E O INCONSCIENTE

A psicanálise sempre esteve focada na exploração do inconsciente, na tentativa de trazer à superfície os pensamentos, desejos e memórias reprimidas. Desde os tempos de Sigmund Freud, o inconsciente tem sido considerado uma parte vital da psique humana, influenciando nossos comportamentos, emoções e pensamentos de maneiras muitas vezes desconhecidas para nós mesmos. O processo terapêutico psicanalítico busca acessar essas camadas ocultas da mente, revelando conteúdos reprimidos e ajudando os indivíduos a integrar esses aspectos em sua consciência.

A realidade virtual (RV), com sua capacidade de criar realidades alternativas e imersivas, oferece um novo meio para essa exploração. A RV pode ser vista como uma ferramenta moderna que expande os métodos tradicionais da psicanálise, proporcionando novas formas de acessar o inconsciente. A seguir, exploramos como a RV pode facilitar a expressão do inconsciente, criando oportunidades inéditas para a prática terapêutica.

CRIAÇÃO DE AMBIENTES IMERSIVOS

A RV permite a criação de ambientes imersivos que podem ser cuidadosamente projetados para evocar respostas emocionais específicas. Esses ambientes podem ser utilizados para recriar situações do passado do paciente ou para simular cenários que provocam certos sentimentos ou memórias. Por exemplo, um paciente que tem fobia de alturas pode ser gradualmente exposto a situações de altura em um ambiente virtual, permitindo que o terapeuta observe e trabalhe com suas reações em um espaço seguro e controlado.

REGRESSÃO TERAPÊUTICA

A regressão terapêutica é uma técnica psicanalítica em que o paciente é guiado para reviver memórias e experiências passadas que estão reprimidas no inconsciente. A RV pode ser utilizada para facilitar esse processo, criando ambientes que reproduzem cenários do passado do paciente. Isso pode incluir a recriação de sua casa de infância, escola ou outros lugares significativos. Ao imergir o paciente nesses ambientes virtuais, o terapeuta pode ajudar a desbloquear memórias reprimidas e trabalhar com os sentimentos associados a essas experiências.

SIMULAÇÃO DE SONHOS

Os sonhos são uma janela para o inconsciente, revelando desejos, medos e conflitos internos. A RV pode ser usada para simular cenários de sonho, permitindo que os pacientes explorem esses ambientes oníricos de maneira controlada. O terapeuta pode criar mundos virtuais que simbolizam os conteúdos dos sonhos do paciente, facilitando a interpretação e análise desses símbolos em tempo real. Essa abordagem pode enriquecer a compreensão dos processos internos do paciente e oferecer novas perspectivas sobre seus conflitos inconscientes.

EXPOSIÇÃO E DESSENSIBILIZAÇÃO

A técnica de exposição é amplamente utilizada na terapia cognitivo-comportamental para tratar fobias e ansiedades, mas também pode ser integrada à psicanálise com o auxílio da RV. A exposição gradual a estímulos temidos em um ambiente virtual pode ajudar os pacientes a dessensibilizar-se de suas ansiedades e medos. Ao enfrentar essas situações em um ambiente seguro e controlado, o paciente pode trabalhar com os sentimentos subjacentes e os significados simbólicos associados a esses medos.

INTERVENÇÃO EM TEMPO REAL

Uma das vantagens da RV é a capacidade de fornecer feedback imediato e permitir intervenções em tempo real. Durante uma sessão de RV, o terapeuta pode ajustar o ambiente virtual de acordo com as respostas emocionais do paciente, criando uma experiência terapêutica dinâmica e responsiva. Isso pode ser particularmente útil em situações em que o paciente apresenta resistência ou dificuldade em acessar certos conteúdos inconscientes.

A RV oferece um meio flexível e adaptável para contornar essas barreiras e facilitar o processo terapêutico.

CONCLUINDO

Este e-book discutirá em detalhes como a RV pode ser usada para criar ambientes que facilitam a expressão do inconsciente, permitindo que pacientes e terapeutas acessem e trabalhem com conteúdos psíquicos de maneiras inéditas. A interseção entre a realidade virtual e a psicanálise abre um novo horizonte para a prática terapêutica, proporcionando ferramentas inovadoras para explorar a mente humana. Ao integrar a tecnologia da RV com os princípios da psicanálise, podemos desenvolver abordagens terapêuticas mais eficazes e oferecer aos pacientes novas oportunidades de autoconhecimento e cura.

VISÃO GERAL DOS CAPÍTULOS

Este e-book está organizado em cinco capítulos, cada um abordando um aspecto crucial da interseção entre RV e psicanálise:

Capítulo 1: Introdução à Realidade Virtual - Fornece uma visão geral sobre a RV, sua história, evolução e aplicações contemporâneas.

Capítulo 2: O Inconsciente na Psicanálise - Explora os fundamentos da psicanálise e a importância do inconsciente na teoria psicanalítica.

Capítulo 3: Realidade Virtual e Psicanálise - Examina como a RV pode ser integrada à prática psicanalítica e as implicações dessa integração.

Capítulo 4: Estudos de Caso - Apresenta estudo de caso e exemplos práticos de uso da RV na terapia psicanalítica.

Capítulo 5: Desafios e Considerações Éticas - Discute as implicações futuras e éticas da utilização da RV na psicanálise, incluindo desafios e oportunidades.

Ao longo deste e-book, meu objetivo é proporcionar uma análise abrangente e crítica sobre como a realidade virtual pode revolucionar a prática da psicanálise, oferecendo novas ferramentas para a exploração do inconsciente.

Capítulo 1

Introdução à Realidade Virtual

"A realidade é meramente uma ilusão, embora muito persistente."

- Albert Einstein

1. DEFINIÇÃO DE REALIDADE VIRTUAL (RV)

A realidade virtual (RV) é uma tecnologia que permite a criação de ambientes tridimensionais simulados, nos quais os usuários podem interagir de maneira realista através de dispositivos de entrada como óculos de realidade virtual, luvas sensoriais e controladores. A RV busca enganar os sentidos, principalmente a visão e a audição, para proporcionar uma sensação de presença em um ambiente virtual. A seguir, aprofundamos os conceitos, a história e os componentes principais que compõem a RV.

História do Termo e Conceito

O termo "realidade virtual" foi popularizado por Jaron Lanier nos anos 80, quando ele fundou a VPL Research, a primeira empresa a vender produtos de RV. No entanto, a ideia de criar ambientes imersivos não é nova. Experimentos iniciais com simuladores de voo nos anos 60 e 70 lançaram as bases para o desenvolvimento da RV. Esses primeiros sistemas usavam tecnologias rudimentares para simular o ambiente de voo, oferecendo uma experiência interativa e imersiva que era revolucionária para a época.

A RV evoluiu significativamente desde então, incorporando avanços em gráficos de computador, processamento de sinais e sensores. Nos anos 90, o conceito de RV começou a ganhar mais atenção, especialmente em áreas como jogos e treinamento militar.

No entanto, foi apenas nas últimas duas décadas que a RV se tornou acessível ao público em geral, graças ao desenvolvimento de dispositivos mais baratos e potentes, como o Oculus Rift e o HTC Vive.

Elementos Principais da RV

A RV envolve três elementos principais: um ambiente virtual, a interação com esse ambiente e a imersão do usuário.

- *Ambiente Virtual*: Um ambiente tridimensional gerado por computador, que pode ser um espaço realista ou fictício. Esses ambientes são projetados para serem o mais realistas possível, utilizando gráficos detalhados e físicas realistas.

- *Interação*: A capacidade do usuário de interagir com o ambiente virtual de maneiras significativas. Isso inclui a manipulação de objetos virtuais, a navegação pelo espaço virtual e a resposta a eventos e situações dentro do ambiente.

- *Imersão*: A sensação de estar presente no ambiente virtual. A imersão é conseguida através de uma combinação de estímulos sensoriais (visuais, auditivos e táteis) e feedback em tempo real, que enganam os sentidos do usuário e criam uma experiência convincente.

Principais Componentes da RV

A RV é composta de diversos componentes, tanto de hardware quanto de software, que trabalham juntos para criar uma experiência imersiva.

Hardware:

- ***Óculos de RV***: Dispositivos que cobrem os olhos do usuário e exibem imagens estereoscópicas para criar a ilusão de profundidade. Exemplos incluem o Oculus Rift, HTC Vive e PlayStation VR.

- ***Fones de Ouvido***: Dispositivos de áudio que fornecem som tridimensional, ajudando a criar uma experiência auditiva imersiva.

- ***Controladores***: Dispositivos de entrada que permitem ao usuário interagir com o ambiente virtual. Eles podem rastrear os movimentos das mãos e fornecer feedback tátil.

- ***Plataformas de Movimento***: Equipamentos que permitem ao usuário mover-se fisicamente dentro do espaço virtual, proporcionando uma sensação mais realista de movimento.

Software:

- ***Motores Gráficos***: Plataformas que geram os gráficos tridimensionais e simulam o ambiente virtual. Exemplos incluem Unity e Unreal Engine.

- ***Simulações de Ambiente***: Programas que modelam o comportamento de objetos e personagens dentro do ambiente virtual, criando interações realistas e dinâmicas.

- ***Interfaces de Usuário***: Elementos que facilitam a interação do usuário com o ambiente virtual, como menus, indicadores de status e feedback visual.

Interatividade:

- ***Feedback em Tempo Real***: A capacidade do sistema de responder imediatamente às ações do usuário, garantindo uma experiência fluida e responsiva.

- ***Movimentos Rastreáveis***: Sensores que monitoram e traduzem os movimentos do usuário no mundo real para o ambiente virtual, permitindo uma navegação precisa e interação com objetos virtuais.

- ***Respostas Sensoriais***: Feedback tátil, visual e auditivo que aprimora a sensação de presença e imersão no ambiente virtual.

Aplicações e Impacto da RV

A RV tem um impacto significativo em várias áreas, como educação, medicina, psicoterapia e entretenimento. Em educação, permite experiências de aprendizagem imersivas que facilitam a compreensão de conceitos complexos. Na medicina, oferece novas possibilidades de tratamento e reabilitação, como cirurgias simuladas e terapias de exposição para fobias. Na psicoterapia, está sendo explorada como uma ferramenta inovadora para acessar e tratar o inconsciente, proporcionando novas formas de tratamento e autoconhecimento.

Com a combinação desses elementos, a realidade virtual se estabelece como uma tecnologia poderosa e multifacetada. Sua capacidade de criar experiências imersivas e interativas não apenas revoluciona o entretenimento, mas também abre novas fronteiras em campos como a educação, a medicina e a psicoterapia. Ao longo deste e-book, exploraremos como a RV pode ser aplicada na psicanálise para acessar e trabalhar com o inconsciente humano, oferecendo uma nova perspectiva sobre a mente e o tratamento terapêutico.

2. HISTÓRIA E EVOLUÇÃO DA RV

A evolução da realidade virtual (RV) é uma narrativa rica e dinâmica que se desenrola ao longo de várias décadas de inovações tecnológicas. Desde seus primeiros passos na década de 1960 até a expansão e diversificação contínua nos dias atuais, a RV tem sido moldada por avanços contínuos em hardware e software, bem como por uma crescente compreensão de suas possibilidades e aplicações. A seguir, exploramos os marcos históricos mais significativos que definiram a trajetória da RV.

Anos 1960-1970: Os Primeiros Passos

Sensorama (1962)

Criado por Morton Heilig, o Sensorama foi um dos primeiros dispositivos a proporcionar uma experiência imersiva. Heilig, um cineasta visionário, imaginou uma máquina que pudesse envolver todos os sentidos humanos em uma experiência cinematográfica. O Sensorama incluía imagens estereoscópicas, som, vibrações e até aromas para criar uma experiência multissensorial. Embora fosse revolucionário para a época, o Sensorama não se tornou comercialmente viável, mas estabeleceu um precedente importante para futuras inovações em RV.

The Sword of Damocles (1968)

Considerado o primeiro sistema de RV, The Sword of Damocles foi desenvolvido por Ivan Sutherland e seu aluno Bob Sproull. Este dispositivo consistia em um capacete pesado conectado a um computador, que projetava gráficos simples de arame. O nome do dispositivo fazia referência ao sistema de suspensão necessário para suportar o peso do capacete, simbolizando a complexidade e os desafios técnicos envolvidos. Apesar de suas limitações, The Sword of Damocles demonstrou o potencial da RV para criar ambientes virtuais interativos.

Anos 1980-1990: Avanços Tecnológicos

Jaron Lanier e VPL Research

Nos anos 80, Jaron Lanier fundou a VPL Research, uma das primeiras empresas dedicadas ao desenvolvimento de tecnologia de RV. Lanier é creditado por popularizar o termo "realidade virtual" e foi pioneiro no desenvolvimento de alguns dos primeiros dispositivos de RV, incluindo óculos e luvas de dados. Esses dispositivos permitiam aos usuários interagir com ambientes virtuais de maneira mais natural e intuitiva, marcando um avanço significativo em termos de interatividade e imersão.

Virtuality Group

Durante os anos 90, o Virtuality Group lançou os primeiros sistemas de entretenimento de RV comercializados, incluindo jogos de arcade que ofereciam experiências de RV em 3D. Esses sistemas utilizavam headsets e controles manuais para criar jogos imersivos, trazendo a RV para o público geral e demonstrando seu potencial como uma forma de entretenimento popular.

Anos 2000-2010: Renascimento da RV

Second Life (2003)

Lançado pela Linden Lab, Second Life foi um dos primeiros mundos virtuais em 3D a ganhar popularidade. Ele permitia aos usuários criar avatares personalizados e interagir em um ambiente expansivo, construindo e comercializando propriedades virtuais. Second Life não só popularizou a ideia de mundos virtuais persistentes, mas também destacou as possibilidades sociais e econômicas da RV.

Oculus Rift (2010)

Fundado por Palmer Luckey, o Oculus Rift marcou um renascimento na RV moderna. Com uma campanha bem-sucedida no Kickstarter, o Oculus Rift atraiu a atenção de entusiastas e desenvolvedores de todo o mundo. Seu design inovador e capacidade de proporcionar uma experiência imersiva acessível revitalizaram o interesse pela RV, estabelecendo um novo padrão para headsets de RV e catalisando um período de rápido desenvolvimento tecnológico.

Anos 2010-presente: Expansão e Diversificação

Aquisições e Investimentos

A compra da Oculus pela Facebook (agora Meta) em 2014 por $2 bilhões sinalizou o compromisso das grandes empresas de tecnologia com a RV. Esta aquisição trouxe recursos significativos e um foco renovado na pesquisa e desenvolvimento de RV, acelerando o progresso tecnológico e a comercialização de dispositivos de RV.

Tecnologias Emergentes

Nos anos seguintes, surgiram novos dispositivos que expandiram e diversificaram o mercado de RV. O HTC Vive, lançado em 2016, destacou-se pela integração de rastreamento de movimento em escala de sala, permitindo uma maior liberdade de movimento. O PlayStation VR trouxe a RV para os consoles de videogame, tornando-a acessível a uma ampla audiência de jogadores. Além disso, dispositivos standalone como o Oculus Quest e o Quest 2, que não requerem um PC ou console para funcionar, tornaram a RV ainda mais acessível e conveniente para os consumidores.

A história e evolução da realidade virtual são marcadas por constantes inovações e avanços tecnológicos. Desde os primeiros experimentos rudimentares nos anos 60 até os sofisticados dispositivos standalone de hoje, a RV tem demonstrado um potencial crescente para transformar a forma como interagimos com o mundo digital. Ao longo deste e-book, exploraremos como esses avanços podem ser aplicados na psicanálise.

3. APLICAÇÕES DA RV

A realidade virtual (RV) possui um vasto leque de aplicações que vão muito além do entretenimento. Com sua capacidade de criar ambientes imersivos e interativos, a RV está transformando diversos setores, proporcionando novas maneiras de aprender, tratar, e interagir. A seguir, exploramos algumas das principais aplicações da RV e seu impacto em diferentes áreas.

Entretenimento e Jogos

A RV está redefinindo o entretenimento, oferecendo experiências de jogo e narrativa que vão além das limitações das mídias tradicionais.

Jogos Imersivos:

- *Beat Saber*: Este jogo de ritmo em RV envolve os jogadores em um ambiente neon onde eles devem cortar blocos com sabres de luz no ritmo da música. A jogabilidade intuitiva e o feedback tátil proporcionam uma experiência altamente imersiva.

- *Half-Life: Alyx*: Um dos jogos de RV mais aclamados, oferece uma experiência de tiro em primeira pessoa com uma narrativa envolvente. O jogo utiliza a interatividade da RV para criar puzzles e combates que são impossíveis em plataformas tradicionais.

Experiências Narrativas

- ***Wolves in the Walls***: Baseado no livro de Neil Gaiman, esta experiência narrativa em RV permite que os usuários interajam com a personagem principal e explorem a história de uma maneira única. A RV aqui cria uma imersão que faz o usuário sentir-se parte da narrativa.

Educação e Treinamento

A RV está revolucionando a educação e o treinamento, proporcionando simulações realistas e aulas imersivas que enriquecem o aprendizado.

Simulações de Treinamento

- ***Militares***: A RV é usada para treinar soldados em ambientes simulados, preparando-os para diversas situações de combate sem os riscos reais. Simulações de combate, estratégias de missão e treinamento de resistência são alguns exemplos.

- ***Pilotos***: Simuladores de voo em RV permitem que pilotos pratiquem manobras e procedimentos em um ambiente seguro, melhorando suas habilidades sem o custo e risco de voos reais.

- ***Profissionais de Saúde***: Cirurgiões podem treinar procedimentos complexos em simuladores de cirurgia em RV, permitindo prática repetida e segura antes de operar em pacientes reais.

Aulas Imersivas

- ***Google Expeditions***: Este programa permite que estudantes explorem locais históricos e científicos em RV. Eles podem "viajar" para o antigo Egito, explorar o espaço, ou mergulhar nos oceanos, tudo sem sair da sala de aula.

Medicina e Terapia

A RV está abrindo novas fronteiras no campo da medicina e terapia, proporcionando ferramentas inovadoras para tratamento e reabilitação.

Tratamento de Fobias

- ***Terapia de Exposição***: A RV é usada para criar ambientes controlados onde pacientes podem ser gradualmente expostos a suas fobias. Esta abordagem tem se mostrado eficaz no tratamento de transtornos de ansiedade, como medo de altura, aranhas, e voar.

Reabilitação Física

- ***Exercícios Terapêuticos***: Pacientes em reabilitação podem usar a RV para realizar exercícios terapêuticos em um ambiente controlado e motivador. Jogos e atividades em RV tornam os exercícios mais envolventes, ajudando na recuperação de mobilidade e força.

Arquitetura e Design

A RV está transformando a maneira como arquitetos e designers visualizam e compartilham seus projetos, oferecendo ferramentas para modelagem e visualização tridimensional.

Modelagem 3D

- ***Criação de Modelos***: Arquitetos podem criar modelos 3D de seus projetos e explorar esses modelos em RV. Isso permite identificar problemas e fazer ajustes antes da construção.

Visualização de Projetos

- ***Experiência do Cliente***: Clientes podem visualizar e caminhar por projetos arquitetônicos em RV, proporcionando uma compreensão melhor do resultado final. Isso facilita a comunicação entre arquitetos e clientes e ajuda a garantir que as expectativas sejam atendidas.

Turismo Virtual

A RV está tornando o turismo acessível a todos, permitindo visitas virtuais a locais históricos e naturais ao redor do mundo.

Visitas Guiadas

- ***Museus e Monumentos***: Locais como o Museu Britânico e o Coliseu Romano oferecem tours virtuais em RV. Isso permite que pessoas de qualquer lugar do mundo explorem esses locais históricos sem precisar viajar.

Exploração de Ambientes Naturais

- ***Google Earth VR***: Esta ferramenta permite que usuários explorem paisagens e locais remotos em RV. Desde caminhar pelas ruas de cidades famosas até sobrevoar montanhas e florestas, a RV oferece uma maneira única de descobrir o mundo.

As aplicações da realidade virtual são vastas e variadas, estendendo-se muito além do entretenimento. Na educação, medicina, arquitetura e turismo, a RV está proporcionando novas maneiras de aprender, tratar e interagir com o mundo ao nosso redor. Ao integrar essa tecnologia com práticas tradicionais, podemos abrir novas possibilidades e transformar profundamente esses setores.

4. POTENCIAL FUTURO DA RV

O futuro da realidade virtual (RV) é repleto de promessas e possibilidades, impulsionado por contínuas inovações tecnológicas e expansões em diversas áreas de aplicação. A seguir, exploramos os principais avanços e desafios que moldarão o futuro da RV, destacando seu potencial transformador.

Avanços Tecnológicos

Os desenvolvimentos em hardware e software são fundamentais para o progresso da RV, melhorando a qualidade das experiências e expandindo suas aplicações.

Aprimoramentos em Hardware

- ***Dispositivos Mais Leves***: O futuro da RV inclui dispositivos mais leves e confortáveis, tornando-os mais acessíveis para uso prolongado. Empresas estão desenvolvendo óculos de RV com design ergonômico que reduz a fadiga e o desconforto.

- ***Maior Resolução***: Melhorias na resolução das telas de RV proporcionarão imagens mais nítidas e realistas. Displays de alta resolução, como aqueles com tecnologia 8K, reduzirão o efeito de "tela de mosquiteiro", aumentando a imersão.

- ***Melhor Rastreamento de Movimento***: Avanços no rastreamento de movimento permitirão interações mais precisas e naturais. Sensores aprimorados e câmeras de rastreamento permitirão capturar movimentos corporais completos, aprimorando a interação com ambientes virtuais.

Software e IA

- ***Ambientes Realistas***: A integração de inteligência artificial (IA) permitirá a criação de ambientes virtuais mais realistas e dinâmicos. Algoritmos de IA podem gerar paisagens, edifícios e cenários que se adaptam às ações do usuário.

- ***Personagens Responsivos***: Personagens virtuais controlados por IA oferecerão interações mais naturais e envolventes. Esses personagens poderão responder em tempo real às ações e fala dos usuários, tornando as experiências mais imersivas.

Integração com Outras Tecnologias

A fusão da RV com outras tecnologias emergentes ampliará ainda mais suas capacidades e aplicações.

Realidade Aumentada (RA)

- **Experiências Híbridas**: A combinação de RV e RA criará experiências híbridas, onde elementos virtuais são integrados ao mundo real. Isso permitirá que usuários interajam com objetos virtuais em seu ambiente físico, criando novas possibilidades para jogos, educação e design.

- **RA Portátil**: Dispositivos portáteis de RA, como óculos e smartphones, permitirão experiências imersivas em qualquer lugar, sem a necessidade de equipamentos volumosos.

Internet das Coisas (IoT)

- **Experiências Conectadas**: A integração de dispositivos de RV com redes IoT permitirá criar experiências mais integradas e interativas. Por exemplo, sensores IoT em um ambiente físico podem ajustar automaticamente um cenário virtual com base nas condições reais, como temperatura e iluminação.

- **Automação e Controle**: Usuários poderão controlar dispositivos domésticos inteligentes através de interfaces de RV, proporcionando uma maneira intuitiva e visual de gerenciar suas casas conectadas.

Expansão em Setores Emergentes

A RV está se expandindo para novos setores, transformando a maneira como vivemos, trabalhamos e interagimos.

Educação à Distância

- **Salas de Aula Virtuais**: A RV pode transformar a educação online, oferecendo salas de aula virtuais imersivas. Alunos podem participar de aulas em ambientes 3D, interagindo com professores e colegas como se estivessem presentes fisicamente.

- **Aprendizagem Experiencial**: Simulações e laboratórios virtuais permitirão que estudantes pratiquem habilidades e experimentos em um ambiente seguro e controlado.

Saúde Mental

- **Terapias Inovadoras**: A RV pode ser usada para tratar uma gama mais ampla de transtornos mentais, como depressão, transtorno de estresse pós-traumático (TEPT) e ansiedade. Terapias em RV oferecem ambientes seguros para exposição gradual e práticas terapêuticas inovadoras.

- **Bem-Estar e Relaxamento**: Aplicações de RV focadas em mindfulness e meditação podem ajudar a promover o bem-estar mental e reduzir o estresse.

Telepresença

- ***Reuniões Virtuais***: A RV permitirá reuniões virtuais mais envolventes, onde participantes de diferentes locais podem interagir como se estivessem no mesmo ambiente. Isso pode reduzir a necessidade de viagens e promover a colaboração global.

- ***Eventos e Conferências***: Conferências e eventos virtuais em RV oferecerão experiências interativas e imersivas, permitindo que participantes explorem exposições, assistam palestras e interajam com outros participantes de forma mais realista.

Implicações Sociais e Éticas
À medida que a RV se torna mais prevalente, surgem questões sociais e éticas que precisam ser abordadas.

Privacidade e Segurança

- ***Dados Pessoais***: A coleta e uso de dados pessoais em ambientes virtuais levantam preocupações sobre privacidade. É essencial estabelecer regulamentações e práticas de segurança para proteger os dados dos usuários.

- ***Segurança de Informação***: Garantir a segurança das informações em plataformas de RV é crucial para evitar hacks e acessos não autorizados.

Inclusão e Acessibilidade

- *Acessibilidade*: Desenvolver dispositivos e plataformas de RV acessíveis para pessoas com deficiências é fundamental. Isso inclui interfaces de usuário adaptáveis, opções de controle alternativas e suporte para tecnologias assistivas.

- *Equidade*: É importante garantir que a RV seja acessível a pessoas de diferentes origens socioeconômicas. Programas de inclusão e subsídios podem ajudar a democratizar o acesso à tecnologia.

O futuro da realidade virtual é brilhante, com potencial para transformar uma ampla gama de setores e melhorar a qualidade de vida das pessoas. Avanços tecnológicos contínuos, integração com outras tecnologias emergentes e expansão em setores novos e existentes abrirão novas possibilidades para a RV. No entanto, é crucial abordar as implicações sociais e éticas para garantir que a RV seja desenvolvida de maneira justa, segura e acessível para todos. Este e-book continuará a explorar como esses avanços podem ser aplicados na psicanálise para acessar e trabalhar com o inconsciente humano, oferecendo uma nova perspectiva sobre a mente e o tratamento terapêutico.

CONCLUSÃO DO CAPÍTULO 1

Ao longo deste capítulo, mergulhamos na definição e evolução da realidade virtual (RV), suas diversas aplicações contemporâneas e o potencial transformador futuro dessa tecnologia emergente. A RV transcende sua imagem inicial como mero entretenimento, revelando-se uma ferramenta poderosa que está revolucionando múltiplos setores, oferecendo novas perspectivas para aprender, tratar, criar e interagir.

A evolução histórica da RV, desde os conceitos básicos de imersão até os avanços tecnológicos modernos, reflete uma jornada de inovação contínua e expansão de possibilidades. A RV não se limita mais a jogos e simulações, mas está sendo adotada em áreas como educação, medicina, arquitetura, turismo e muito mais, transformando a maneira como nos envolvemos com o mundo ao nosso redor.

O futuro da RV é promissor, com avanços tecnológicos que prometem dispositivos mais leves, resoluções mais altas e interações mais realistas. A integração com outras tecnologias, como realidade aumentada (RA) e Internet das Coisas (IoT), expandirá ainda mais suas capacidades e aplicações, criando experiências mais integradas e imersivas.

No entanto, junto com esses avanços, surgem questões sociais e éticas importantes, como privacidade, segurança e acessibilidade.

É crucial abordar essas questões para garantir que a RV seja desenvolvida de maneira responsável e inclusiva, beneficiando a sociedade como um todo.

Nos capítulos seguintes, vamos explorar as interseções entre a RV e a psicanálise, investigando como essas duas áreas podem se complementar para explorar o inconsciente humano. A RV oferece novas ferramentas e abordagens para a psicanálise, abrindo portas para uma compreensão mais profunda da mente e novas formas de terapia e autoconhecimento. Juntos, esses campos têm o potencial de transformar a maneira como entendemos e tratamos a mente humana, oferecendo uma nova perspectiva sobre a natureza da realidade e da consciência.

Capítulo 2

O Inconsciente na Psicanálise

"A mente é como um iceberg, flutua com um sétimo de seu volume acima da água."

- Sigmund Freud

1. FUNDAMENTOS DA PSICANÁLISE

A Origem da Psicanálise

A psicanálise foi fundada por Sigmund Freud no final do século XIX e início do século XX. Freud, um neurologista austríaco, desenvolveu essa teoria a partir de suas observações clínicas e do trabalho com pacientes que apresentavam sintomas neuróticos. Ele propôs que os comportamentos e pensamentos conscientes são apenas a ponta do iceberg, com a maior parte da atividade mental ocorrendo no inconsciente.

Teoria do Inconsciente

Freud propôs que a mente humana é dividida em três partes principais:

- *Consciente*: É a parte da mente que contém tudo o que estamos cientes em um dado momento.

- *Pré-consciente*: São memórias e informações que não estamos cientes no momento, mas que podem ser trazidas à consciência facilmente.

- *Inconsciente*: É a maior parte da nossa mente, contendo desejos, memórias e experiências reprimidas que não são acessíveis à consciência direta, mas que influenciam nosso comportamento e experiências de forma significativa.

Estrutura da Mente: Id, Ego e Superego

Além disso, Freud introduziu a ideia da estrutura tripartite da mente, composta por:

- **Id**: É a parte primitiva e instintiva da mente que busca a satisfação imediata dos desejos e necessidades, operando de acordo com o princípio do prazer.

- **Ego**: É a parte racional da mente que tenta mediar entre os impulsos do id e as exigências da realidade, operando de acordo com o princípio da realidade.

- **Superego**: É a parte moral da mente que representa as normas e valores internalizados da sociedade e dos pais, funcionando como uma espécie de juiz interno que busca a perfeição moral.

A psicanálise oferece uma visão única da mente humana. Essas teorias, revolucionaram a compreensão da mente, ao destacar a importância do inconsciente e dos processos mentais inconscientes na determinação do comportamento humano.

2. O INCONSCIENTE E OS SONHOS

A Interpretação dos Sonhos

Freud considerava os sonhos como a "via régia" para o inconsciente, argumentando que eles são manifestações dos desejos reprimidos que encontram expressão simbólica durante o sono. Em seu livro "A Interpretação dos Sonhos" (1900), Freud introduziu conceitos importantes como:

- *Conteúdo Manifesto*: Refere-se ao que realmente ocorre no sonho, ou seja, a narrativa aparente que lembramos ao acordar.

- *Conteúdo Latente*: É o verdadeiro significado oculto do sonho, geralmente relacionado a desejos inconscientes que estão sendo expressos de forma camuflada.

Simbolismo nos Sonhos

Os sonhos são frequentemente simbólicos, com elementos aparentemente triviais representando desejos e conflitos mais profundos. Freud identificou diversos símbolos comuns nos sonhos que poderiam ser interpretados para revelar desejos reprimidos, como por exemplo, a presença de água representando o inconsciente.

Função dos Sonhos

Freud acreditava que os sonhos servem a várias funções:

- *Realização de Desejos*: Os sonhos permitem a expressão simbólica de desejos reprimidos, oferecendo uma forma segura de satisfazê-los.

- *Processamento de Memórias*: Os sonhos ajudam a consolidar e processar experiências e memórias do dia, contribuindo para a organização e armazenamento adequados das informações.

- *Manutenção da Saúde Mental*: Os sonhos funcionam como uma válvula de escape para as tensões psíquicas, permitindo que o indivíduo lide com questões emocionais e conflitos internos de forma indireta e simbólica.

O estudo dos sonhos na psicanálise fornece insights valiosos sobre a mente inconsciente e os processos psíquicos que influenciam nosso comportamento e experiências.

Os sonhos, para Freud, são uma manifestação dos desejos reprimidos que encontram expressão simbólica durante o sono. A interpretação dos sonhos envolve a análise do conteúdo manifesto e latente, revelando conflitos e desejos inconscientes. Os sonhos servem a várias funções, incluindo a realização de desejos reprimidos, o processamento de memórias e a manutenção da saúde mental, fornecendo uma janela para o funcionamento do inconsciente humano.

3. TÉCNICAS PSICANALÍTICAS

Associação Livre

A técnica da associação livre é um dos métodos centrais da psicanálise. Nessa técnica, o paciente é incentivado a falar livremente sobre qualquer coisa que venha à mente, sem censura. Através desse fluxo de pensamento, o analista pode identificar padrões e temas recorrentes que fornecem pistas sobre os conteúdos inconscientes.

Essa técnica ajuda a acessar pensamentos, sentimentos e memórias reprimidas que podem estar contribuindo para os sintomas do paciente.

Análise de Transferência e Contratransferência

A transferência refere-se aos sentimentos que o paciente projeta no terapeuta, frequentemente baseados em experiências passadas e relações significativas. Analisar esses sentimentos pode revelar dinâmicas inconscientes e padrões de relacionamento.

Por outro lado, a contratransferência refere-se aos sentimentos e reações inconscientes do terapeuta em relação ao paciente. Reconhecer e explorar essas reações pode enriquecer a compreensão do processo terapêutico e ajudar o terapeuta a lidar com seus próprios conflitos emocionais.

Interpretação

A interpretação é uma técnica fundamental onde o analista ajuda o paciente a entender o significado oculto dos seus pensamentos, comportamentos e sonhos.

Através da interpretação, o analista fornece insights que ajudam o paciente a trazer conteúdos inconscientes à consciência. Essa técnica promove a compreensão dos processos internos do paciente e pode levar a mudanças significativas na percepção e no comportamento.

Análise de Resistências

Durante o processo terapêutico, os pacientes podem exibir resistências - comportamentos e atitudes que impedem o acesso a conteúdos inconscientes dolorosos ou ameaçadores. Analisar essas resistências é crucial para o progresso terapêutico, pois permite ao paciente e ao terapeuta identificar e enfrentar as barreiras que impedem o avanço no tratamento. Essa técnica ajuda a trazer à tona questões subjacentes que podem estar contribuindo para os problemas do paciente.

As técnicas psicanalíticas, como associação livre, análise de transferência e contratransferência, interpretação e análise de resistências, são instrumentos valiosos para explorar o inconsciente e entender os processos mentais que influenciam o comportamento humano. A associação livre permite o acesso a conteúdos inconscientes, enquanto a análise de transferência e contratransferência revela dinâmicas emocionais sutis. A interpretação fornece insights profundos sobre os pensamentos e emoções do paciente, enquanto a análise de resistências ajuda a superar barreiras terapêuticas.

Em conjunto, essas técnicas formam a base do trabalho psicanalítico, oferecendo um caminho para a compreensão e a transformação pessoal.

4. RELEVÂNCIA DO INCONSCIENTE NA PSICANÁLISE

Evoluções da Teoria Freudiana

Desde Freud, a psicanálise evoluiu significativamente. Psicólogos como Carl Jung, Alfred Adler e Melanie Klein introduziram novas ideias e teorias, expandindo e modificando os conceitos originais de Freud. Jung, por exemplo, introduziu o conceito de inconsciente coletivo, enquanto Adler enfatizou a importância dos sentimentos de inferioridade. Essas evoluções mostram a capacidade da psicanálise de se adaptar e crescer ao longo do tempo, mantendo sua relevância na compreensão da mente humana.

O Inconsciente em Outras Abordagens Terapêuticas

Embora a psicanálise seja a abordagem clássica para o estudo do inconsciente, outras formas de terapia também reconhecem e trabalham com o inconsciente. A Terapia Cognitivo-Comportamental (TCC), por exemplo, embora mais focada em pensamentos conscientes, reconhece que crenças e esquemas inconscientes podem influenciar o comportamento. Da mesma forma, a Terapia Humanista enfatiza a importância da autoexploração e da realização do potencial humano, reconhecendo a influência de processos inconscientes na experiência humana.

Inconsciente e Neurociência

Avanços na neurociência têm fornecido novas maneiras de entender o inconsciente. Estudos de neuroimagem têm mostrado como experiências e memórias inconscientes podem influenciar o comportamento e a tomada de decisões, fornecendo uma base biológica para os processos psicológicos estudados pela psicanálise.

Aplicações Contemporâneas da Psicanálise

A psicanálise continua a ser uma abordagem valiosa em várias áreas. Na terapia clínica, é usada para tratar uma ampla gama de transtornos mentais, incluindo ansiedade, depressão e transtornos de personalidade. Na psicologia do desenvolvimento, explora como experiências infantis moldam o inconsciente e influenciam o desenvolvimento ao longo da vida. Além disso, a psicanálise é aplicada na análise de fenômenos culturais, artísticos e sociais, oferecendo insights sobre os processos inconscientes que influenciam a sociedade.

O estudo do inconsciente na psicanálise moderna é fundamental para a compreensão da mente humana e dos processos psicológicos que influenciam o comportamento e a experiência. Através de técnicas como associação livre, análise de transferência e contratransferência, interpretação e análise de resistências, a psicanálise oferece uma abordagem abrangente para explorar e entender o inconsciente.

Além disso, a relevância do inconsciente se estende além da psicanálise clássica, sendo reconhecida em outras abordagens terapêuticas, na neurociência e em várias aplicações contemporâneas.

Conclusão do Capítulo 2

Neste capítulo, exploramos os fundamentos da psicanálise, focando especialmente no conceito de inconsciente. Analisamos como Freud e outros teóricos psicanalíticos descreveram e trabalharam com o inconsciente, e como esses conceitos continuam a ser relevantes na psicoterapia moderna. Nos próximos capítulos, vamos examinar como a realidade virtual pode ser usada para acessar e explorar o inconsciente, oferecendo novas ferramentas e oportunidades para a prática psicanalítica.

Capítulo 3

Realidade Virtual e Psicanálise

"A realidade virtual é o primeiro passo em uma grande aventura na paisagem da imaginação."

- Frank Biocca

INTRODUÇÃO

A interseção entre a realidade virtual (RV) e a psicanálise representa um campo emocionante de exploração, oferecendo novas maneiras de entender e acessar o inconsciente humano. A RV, com suas capacidades imersivas e interativas, proporciona uma oportunidade única de criar ambientes controlados e personalizados onde os pacientes podem explorar seus mundos internos de maneira profunda e significativa. Neste capítulo, vamos examinar como a RV pode ser integrada à prática psicanalítica, explorando o conceito de realidades alternativas, o uso da RV na terapia, sua utilidade como ferramenta para explorar o inconsciente, e os desafios e limitações que essa integração pode enfrentar.

Realidades Alternativas e o Inconsciente

Na psicanálise, os sonhos são frequentemente vistos como uma forma de realidade alternativa onde desejos e medos inconscientes se manifestam simbolicamente. A RV pode ser entendida de maneira semelhante, criando espaços virtuais onde os pacientes podem interagir com representações de seus conflitos internos e traumas. Ao permitir que os indivíduos experimentem cenários alternativos em um ambiente seguro e controlado, a RV pode facilitar a exploração de conteúdos psíquicos profundos que podem não ser facilmente acessíveis na vigília normal (*Freeman et al., 2017*).

Uso da RV na Terapia Psicanalítica

O uso da RV na terapia psicanalítica está emergindo como uma abordagem inovadora e eficaz. Estudos de caso demonstram que ambientes virtuais podem ajudar os pacientes a acessar e processar conteúdos inconscientes de maneira mais eficaz do que abordagens tradicionais. A capacidade de criar um espaço seguro para a expressão emocional, ampliar a empatia e compreensão do paciente, e facilitar a resolução de conflitos internos são alguns dos benefícios terapêuticos significativos proporcionados pela imersão em RV (*Riva, Wiederhold, & Molinari, 1998*).

RV como Ferramenta para Exploração do Inconsciente

A RV pode ser uma ferramenta poderosa para a exploração do inconsciente, permitindo a simulação de cenários e experiências que refletem aspectos dos processos mentais inconscientes. A criação de simulações de cenários inconscientes pode ajudar os pacientes a visualizar e compreender melhor seus pensamentos, emoções e comportamentos reprimidos. Além disso, a RV pode facilitar a associação livre, uma técnica central da psicanálise na qual os pacientes são encorajados a relatar livremente seus pensamentos e associações. Ao fornecer um ambiente virtual seguro e imersivo, a RV pode ajudar os pacientes a se sentir mais à vontade para explorar seu mundo interno de maneiras que podem ser mais difíceis na terapia tradicional (*Maples-Keller et al., 2017*).

Desafios e Limitações

Apesar dos benefícios potenciais, a integração da RV na prática psicanalítica enfrenta desafios e limitações importantes. Questões éticas, como a privacidade dos dados dos pacientes e o uso responsável da tecnologia, precisam ser cuidadosamente consideradas. Além disso, limitações tecnológicas e psicológicas, como a qualidade dos gráficos e a capacidade da RV de simular adequadamente experiências inconscientes complexas, podem influenciar a eficácia e aceitação dessa abordagem. É importante abordar esses desafios de forma responsável para garantir que a integração da RV na psicanálise seja feita de maneira ética e eficaz (*Bohil, Alicea, & Biocca, 2011*).

Potencial Futuro

Apesar dos desafios, a integração da RV na psicanálise oferece um potencial significativo para enriquecer a prática terapêutica, fornecendo novas ferramentas e abordagens para explorar e transformar o inconsciente humano. A RV tem o potencial de revolucionar a forma como entendemos e tratamos os processos mentais inconscientes, abrindo novas possibilidades para a psicoterapia no século XXI. Com o avanço contínuo da tecnologia e uma compreensão mais profunda dos processos mentais inconscientes, a RV pode se tornar uma parte integrante e valiosa da prática psicanalítica (*Freeman et al., 2017; Riva, Wiederhold, & Molinari, 1998*).

1. O CONCEITO DE REALIDADE VIRTUAL NA PSICANÁLISE

Na psicanálise, a realidade virtual (RV) pode ser vista como uma extensão do conceito de realidades alternativas, uma ideia central no pensamento psicanalítico. Sigmund Freud, o fundador da psicanálise, sugeriu que os sonhos oferecem uma espécie de realidade alternativa onde desejos inconscientes podem se manifestar livremente. De maneira semelhante, a RV cria ambientes simulados que permitem aos pacientes explorar aspectos de si mesmos que normalmente estão ocultos ou reprimidos.

Realidades Alternativas e o Inconsciente

A noção de realidades alternativas na psicanálise remonta aos estudos freudianos sobre os sonhos. Freud propôs que os sonhos são uma via régia para o inconsciente, permitindo que os desejos reprimidos se expressem simbolicamente (*Freud, 1900*). Em um contexto moderno, a RV pode servir um propósito similar, criando ambientes imersivos onde esses desejos e conflitos internos podem ser externalizados e explorados de forma controlada e terapêutica.

A RV, ao oferecer uma experiência sensorial rica e interativa, pode ser utilizada para simular situações e cenários que ressoam com o conteúdo inconsciente do paciente. Esses ambientes virtuais podem ser desenhados para provocar reações emocionais e associações que revelam os desejos, medos e conflitos internos do paciente.

Por exemplo, um cenário virtual pode ser criado para representar uma situação de conflito familiar, permitindo ao paciente confrontar e trabalhar através de emoções reprimidas de forma visual e experiencial.

Imersão e Estados Alterados de Consciência

A imersão é uma característica fundamental da RV que pode ser comparada aos estados alterados de consciência. Estados alterados de consciência, como aqueles induzidos pela hipnose ou meditação, são conhecidos por aumentar a receptividade a insights e experiências que não são acessíveis em estados de vigília normais (*Spiegel, 1989*).

A RV pode induzir um estado de imersão profunda, semelhante a um estado hipnótico, onde a mente está mais aberta a novas percepções e revelações.

A imersão em um ambiente virtual pode reduzir as defesas psicológicas e permitir que conteúdos inconscientes venham à tona. Em um estado de imersão, os pacientes podem se sentir mais seguros e menos inibidos, facilitando a expressão de pensamentos e sentimentos que eles poderiam achar difícil de acessar ou expressar em um ambiente terapêutico tradicional.

Além disso, a RV pode ser usada para recriar cenários específicos que induzem estados emocionais e cognitivos particulares, ajudando os terapeutas a trabalhar com traumas, fobias e outros distúrbios de uma maneira mais direta e eficaz.

A RV também oferece a possibilidade de simular experiências de vida passadas ou futuras, permitindo que os pacientes explorem e integrem partes de sua psique que podem estar fragmentadas ou desconectadas. Essa capacidade de criar e manipular realidades alternativas torna a RV uma ferramenta poderosa para a exploração e cura psicológica.

2. USO DA RV NA TERAPIA PSICANALÍTICA

O uso da realidade virtual (RV) na terapia psicanalítica tem mostrado um potencial significativo, com estudos e exemplos práticos destacando seus benefícios terapêuticos. A imersão em ambientes virtuais pode ajudar os pacientes a acessar e processar conteúdos inconscientes de maneira mais eficaz do que as abordagens tradicionais.

Estudo de Caso e Exemplos Práticos

Diversos estudos de caso ilustram como a RV pode ser integrada na terapia psicanalítica para proporcionar benefícios terapêuticos profundos. Por exemplo, a RV tem sido utilizada com sucesso no tratamento de transtornos de ansiedade, incluindo fobias específicas e transtorno de estresse pós-traumático (TEPT). Em um estudo, pacientes com fobia de altura foram gradualmente expostos a alturas em um ambiente virtual controlado, permitindo-lhes enfrentar e reduzir suas ansiedades de maneira segura e progressiva (Rothbaum et al., 1995).

Outro exemplo é o uso da RV para ajudar pacientes a confrontar memórias traumáticas. Em um ambiente virtual, os pacientes podem revisitar eventos traumáticos com o suporte do terapeuta, o que pode facilitar a dessensibilização e o processamento emocional. Um estudo sobre o uso de RV no tratamento de TEPT em veteranos de guerra mostrou que a exposição controlada a cenários de combate virtual ajudou a reduzir os sintomas de TEPT, permitindo que os veteranos processassem suas experiências traumáticas de maneira segura e terapêutica (*Rizzo et al., 2010*).

Benefícios Terapêuticos da Imersão em RV

A imersão em RV oferece vários benefícios terapêuticos significativos:

- *Criação de um Espaço Seguro para a Expressão Emocional*: A RV pode proporcionar um ambiente seguro e controlado onde os pacientes se sentem mais à vontade para explorar e expressar suas emoções. Isso pode ser especialmente útil para pacientes que têm dificuldade em se abrir em um ambiente terapêutico tradicional.

- *Ampliação da Empatia e Compreensão do Paciente*: A RV pode ser usada para criar simulações que ajudam os pacientes a entender melhor suas próprias emoções e comportamentos, bem como os dos outros. Por exemplo, uma simulação virtual pode permitir que o paciente veja uma situação de uma perspectiva diferente, promovendo empatia e compreensão.

- ***Facilitação da Resolução de Conflitos Internos***: A RV pode ser usada para simular cenários que permitem ao paciente confrontar e resolver conflitos internos. Isso pode incluir a recriação de eventos passados significativos ou a simulação de situações futuras, permitindo ao paciente explorar diferentes resultados e resolver questões internas de maneira segura e controlada.

Além disso, a RV pode facilitar a reexperiência de situações significativas de maneira controlada, permitindo ao paciente processar traumas e emoções reprimidas em um ambiente seguro. Essa abordagem pode levar a uma maior integração emocional e à resolução de conflitos internos, promovendo a cura e o crescimento pessoal.

3. RV COMO FERRAMENTA PARA EXPLORAÇÃO DO INCONSCIENTE

A Realidade Virtual (RV) é uma ferramenta poderosa para a exploração do inconsciente, permitindo a simulação de cenários e experiências que refletem aspectos profundos e ocultos dos processos mentais inconscientes. Ao criar ambientes virtuais personalizados, a RV pode ajudar os pacientes a visualizar e compreender melhor seus pensamentos, emoções e comportamentos reprimidos.

Simulações de Cenários Inconscientes

A criação de simulações de cenários inconscientes na RV pode proporcionar insights significativos para os pacientes. Esses cenários podem ser projetados para representar sonhos, fantasias, traumas passados ou qualquer outro conteúdo simbólico do inconsciente. A visualização desses cenários em um ambiente virtual pode tornar os conteúdos inconscientes mais acessíveis e compreensíveis.

Por exemplo, um paciente com ansiedade severa pode ser exposto a um cenário virtual que simboliza suas preocupações subjacentes. Ao interagir com este ambiente, o paciente pode ganhar uma melhor compreensão das origens de sua ansiedade e trabalhar com o terapeuta para desenvolver estratégias de enfrentamento. Estudos têm mostrado que a visualização de conteúdos simbólicos em RV pode facilitar a catarse e a resolução emocional (*Maples-Keller et al., 2017*).

Além disso, a RV pode ser usada para recriar experiências traumáticas de maneira controlada. A exposição repetida a esses cenários pode ajudar os pacientes a dessensibilizar suas respostas emocionais e a integrar memórias traumáticas de forma mais saudável. Por exemplo, veteranos de guerra com Transtorno de Estresse Pós-Traumático (TEPT) podem revisitar cenários de combate em RV para processar e superar suas experiências traumáticas (*Rizzo et al., 2010*).

Facilitação da Associação Livre

A associação livre é uma técnica central da psicanálise, onde os pacientes são encorajados a relatar livremente seus pensamentos, sentimentos e associações sem censura. A RV pode facilitar este processo, criando um ambiente imersivo e seguro onde os pacientes se sentem mais à vontade para explorar seu mundo interno.

Em um ambiente virtual, os pacientes podem ser apresentados a estímulos visuais ou auditivos que desencadeiam associações inconscientes. Por exemplo, uma cena de praia pode evocar memórias de infância ou sentimentos de relaxamento, enquanto uma sala escura pode trazer à tona medos ou ansiedades reprimidas. A interação com esses ambientes pode gerar uma série de associações que podem ser exploradas durante a sessão terapêutica.

A RV também pode ser utilizada para simular cenários que desafiam as defesas psicológicas do paciente, permitindo que conteúdos reprimidos venham à tona. A natureza interativa e envolvente da RV pode ajudar a quebrar barreiras defensivas, facilitando o acesso a pensamentos e emoções que seriam difíceis de expressar em uma sessão de terapia tradicional (*Repetto et al., 2013*).

4. DESAFIOS E LIMITAÇÕES

Apesar dos benefícios potenciais, a integração da Realidade Virtual (RV) na prática psicanalítica enfrenta desafios e limitações importantes. Questões éticas, como a privacidade dos dados dos pacientes e o uso responsável da tecnologia, precisam ser cuidadosamente consideradas. Além disso, limitações tecnológicas e psicológicas, como a qualidade dos gráficos e a capacidade da RV de simular adequadamente experiências inconscientes complexas, podem influenciar a eficácia e aceitação dessa abordagem.

Questões Éticas e de Privacidade

A privacidade e a segurança dos dados dos pacientes são preocupações críticas na utilização da RV em contextos terapêuticos. A coleta, armazenamento e análise de dados sensíveis durante as sessões de RV exigem protocolos rigorosos para proteger a confidencialidade dos pacientes. A manipulação inadequada desses dados pode resultar em violações de privacidade e abuso de informações pessoais, comprometendo a confiança entre o paciente e o terapeuta (*Bohil, Alicea, & Biocca, 2011*).

Além disso, o uso responsável da tecnologia deve ser considerado. A natureza imersiva da RV pode potencialmente levar a uma dependência tecnológica ou a uma dissociação da realidade. É essencial que os terapeutas sejam bem treinados no uso da RV e estejam cientes dos riscos psicológicos associados ao seu uso prolongado.

A supervisão constante e a avaliação ética do impacto da RV na saúde mental dos pacientes são fundamentais para garantir que os benefícios superem os riscos.

Limitações Tecnológicas

As limitações tecnológicas também representam um desafio significativo para a integração da RV na psicanálise. A qualidade dos gráficos e a capacidade da RV de simular experiências complexas do inconsciente ainda estão em desenvolvimento. Gráficos de baixa qualidade ou ambientes virtuais pouco realistas podem reduzir a eficácia terapêutica, pois a imersão completa é crucial para acessar os processos mentais inconscientes.

A latência e o tempo de resposta dos sistemas de RV também podem afetar a experiência do usuário, causando desconforto ou desorientação. Além disso, a acessibilidade da tecnologia de RV é uma barreira, já que os equipamentos e softwares necessários podem ser caros e não disponíveis para todos os pacientes ou terapeutas (*Freeman et al., 2017*).

Limitações Psicológicas

As limitações psicológicas incluem a variabilidade na resposta dos pacientes à RV. Enquanto alguns pacientes podem achar a experiência virtual imersiva útil e transformadora, outros podem achar desorientadora ou intimidante. A susceptibilidade a náuseas e vertigens, conhecida como "cinetose virtual", é uma preocupação comum e pode limitar a duração e a eficácia das sessões de RV.

Além disso, a complexidade das experiências inconscientes pode ser difícil de replicar com precisão em um ambiente virtual. Os símbolos e processos do inconsciente são muitas vezes altamente pessoais e únicos, tornando a criação de cenários virtuais universais desafiadora. A personalização desses cenários requer uma compreensão profunda do mundo interno do paciente, o que pode ser difícil de alcançar através da tecnologia (*Riva, Wiederhold, & Molinari, 1998*).

Potencial Futuro e Conclusão

Apesar desses desafios, o avanço contínuo da tecnologia e uma compreensão mais profunda dos processos mentais inconscientes têm o potencial de superar muitas dessas limitações. Com melhorias na qualidade dos gráficos, maior acessibilidade tecnológica e um enfoque ético rigoroso, a integração da RV na psicanálise pode enriquecer significativamente a prática terapêutica.

A RV oferece novas maneiras de explorar e transformar o inconsciente humano, proporcionando aos pacientes e terapeutas ferramentas inovadoras para a cura e o autoconhecimento. A combinação de técnicas tradicionais de psicanálise com tecnologias emergentes pode abrir novos caminhos para a terapia, permitindo uma exploração mais profunda e eficaz do mundo interno dos pacientes.

CONCLUSÃO DO CAPÍTULO 3

A integração da realidade virtual (RV) na prática psicanalítica representa uma evolução emocionante no campo da psicoterapia. Este capítulo explorou as intersecções entre a RV e a psicanálise, destacando como a RV pode oferecer novas maneiras de acessar e explorar o inconsciente humano.

Ambiente Seguro e Imersivo

A RV proporciona um ambiente seguro e imersivo para os pacientes explorarem seus pensamentos, emoções e memórias mais profundas. Ao simular cenários que refletem aspectos do inconsciente, a RV permite que os pacientes confrontem e compreendam melhor seus padrões de comportamento. Este ambiente controlado pode reduzir as defesas psicológicas e facilitar a expressão emocional, promovendo uma maior autocompreensão e insights terapêuticos (*Riva, Wiederhold, & Molinari, 1998*).

Benefícios Terapêuticos

Os benefícios terapêuticos da RV incluem a facilitação da expressão emocional, a ampliação da empatia e compreensão do paciente, e a possibilidade de resolução de conflitos internos de forma mais eficaz. A imersão em ambientes virtuais permite que os pacientes experimentem e processem emoções de uma maneira que pode ser mais acessível do que na terapia tradicional.

Por exemplo, ao revisitar memórias traumáticas em um cenário virtual, os pacientes podem dessensibilizar suas respostas emocionais e integrar essas experiências de forma mais saudável (*Maples-Keller et al., 2017*).

Desafios Éticos e Tecnológicos

No entanto, a integração da RV na prática psicanalítica também enfrenta desafios. Questões éticas relacionadas à privacidade dos dados dos pacientes são cruciais. A coleta e o armazenamento de dados sensíveis exigem protocolos rigorosos para proteger a confidencialidade e evitar abusos.

Além disso, a qualidade dos gráficos e a capacidade da RV de simular adequadamente experiências inconscientes complexas são limitações tecnológicas que podem afetar a eficácia terapêutica. A latência e o tempo de resposta dos sistemas de RV também podem influenciar a experiência do paciente, potencialmente causando desconforto ou desorientação (*Bohil, Alicea, & Biocca, 2011*).

Perspectivas Futuras

Apesar desses desafios, o potencial da RV para enriquecer a prática terapêutica é significativo. Com o avanço contínuo da tecnologia e uma compreensão mais profunda dos processos mentais inconscientes, a RV pode revolucionar a psicoterapia. A possibilidade de criar simulações personalizadas que refletem o mundo interno dos pacientes abre novas possibilidades para a cura e o autoconhecimento.

A integração da RV na psicanálise pode fornecer novas ferramentas e abordagens para explorar e transformar o inconsciente humano. Ao combinar técnicas tradicionais de psicanálise com tecnologias emergentes, os terapeutas podem oferecer uma terapia mais dinâmica e eficaz, adaptada às necessidades individuais dos pacientes. Isso pode levar a uma maior aceitação e eficácia da terapia psicanalítica, tornando-a mais acessível e impactante no século XXI (*Freeman et al., 2017*).

Capítulo 4

Estudos de Caso

"A experiência é a professora de todas as coisas."

- Júlio César

INTRODUÇÃO

Este capítulo examina a aplicação da Realidade Virtual (RV) na psicanálise através de estudos de caso concretos e exemplos práticos. Ele busca ilustrar como a RV está sendo utilizada na prática clínica para proporcionar insights terapêuticos profundos e facilitar a cura emocional.

Os estudos de caso têm sido uma ferramenta fundamental na psicanálise desde seus primórdios, utilizados para ilustrar a aplicação de conceitos teóricos e técnicas terapêuticas. Eles oferecem uma visão detalhada do processo terapêutico, permitindo uma compreensão mais rica e nuançada de como os princípios da psicanálise são implementados na prática.

Ao documentar as experiências de indivíduos em tratamento, os estudos de caso ajudam a contextualizar os desafios e sucessos encontrados durante a terapia, proporcionando uma base empírica para o desenvolvimento de novas abordagens (*Yin, 2018*).

A integração da RV na psicanálise oferece uma abordagem inovadora para explorar e tratar os processos mentais inconscientes. A RV pode criar ambientes imersivos que replicam situações emocionais e psicológicas complexas, permitindo que os pacientes confrontem e processem experiências traumáticas ou reprimidas de maneira controlada e segura. Ao proporcionar um espaço interativo e dinâmico, a RV facilita a expressão emocional e a autoexploração, elementos cruciais para a eficácia terapêutica (*Maples-Keller et al., 2017*).

Este capítulo apresentará diversos exemplos práticos onde a RV foi utilizada com sucesso na terapia psicanalítica. Estudos de caso mostrarão como pacientes com diferentes diagnósticos, desde transtornos de ansiedade até traumas complexos, beneficiaram-se da imersão em ambientes virtuais personalizados. Através dessas narrativas, serão explorados os benefícios terapêuticos específicos da RV, como a capacidade de facilitar a dessensibilização de respostas traumáticas, promover a empatia e compreensão dos próprios processos emocionais, e oferecer novas maneiras de resolução de conflitos internos (*Riva et al., 2019*).

Os estudos de caso apresentados neste capítulo foram selecionados com base em critérios rigorosos para garantir a relevância e a representatividade dos resultados. Cada caso inclui uma descrição detalhada do contexto terapêutico, os objetivos do tratamento, a implementação da RV, e os resultados observados. Além disso, serão discutidos os desafios enfrentados durante o processo e as estratégias adotadas para superá-los. Esta abordagem metodológica visa proporcionar uma compreensão abrangente e crítica das aplicações práticas da RV na psicanálise (*Stake, 2005*).

Embora os estudos de caso demonstrem o potencial da RV na psicanálise, é crucial reconhecer os desafios e as considerações éticas associadas a essa integração. Questões como a privacidade dos dados dos pacientes, a qualidade dos ambientes virtuais, e o impacto psico-lógico da imersão prolongada são tópicos que serão abordados detalhadamente. É importante que os terapeutas estejam cientes desses desafios e adotem práticas responsáveis para garantir a segurança e a eficácia do tratamento (*Bohil, Alicea, & Biocca, 2011*).

Por fim, este capítulo discutirá as perspectivas futuras da RV na psicanálise, destacando as áreas de pesquisa emergentes e as inovações tecnológicas que podem ampliar ainda mais o alcance e a eficácia dessa abordagem terapêutica. A contínua evolução da tecnologia de RV promete oferecer novas ferramentas para a exploração do inconsciente, potencialmente revolucionando a prática da psicanálise e a terapia em geral (*Freeman et al., 2017*).

1. CASOS DE SUCESSO NA INTEGRAÇÃO DE RV E PSICANÁLISE

A integração da realidade virtual (RV) na psicanálise tem gerado casos de sucesso notáveis, demonstrando a eficácia dessa abordagem inovadora na psicoterapia. Estudos de caso detalhados ilustram como a RV pode ser utilizada para tratar uma variedade de problemas psicológicos, proporcionando resultados terapêuticos significativos.

Tratamento de Fobias com RV

Um dos exemplos mais bem documentados do uso da RV na terapia psicanalítica é o tratamento de fobias. Em um estudo conduzido por *Emmelkamp et al. (2002)*, um paciente com fobia de altura foi submetido a sessões de exposição virtual. Durante essas sessões, o paciente foi gradualmente exposto a alturas simuladas em um ambiente controlado e seguro, permitindo que ele enfrentasse seu medo de maneira progressiva. Os resultados foram impressionantes: o paciente experimentou uma redução significativa na ansiedade associada à altura e relatou uma melhoria substancial na qualidade de vida após o tratamento.

Redução da Ansiedade e Melhorias na Qualidade de Vida

O sucesso na redução da ansiedade em pacientes com fobias é um aspecto crucial do uso da RV na terapia. No caso mencionado, a exposição repetida a estímulos temidos em um ambiente virtual permitiu que o paciente desenvolvesse uma desensibilização gradual ao medo.

Esse processo é conhecido como terapia de exposição e é amplamente utilizado em tratamentos de fobias, mas a RV oferece uma vantagem adicional ao permitir que os terapeutas controlem precisamente o ambiente e a intensidade dos estímulos *(Powers & Emmelkamp, 2008)*.

Além disso, a capacidade de criar cenários personalizados e ajustáveis torna a RV uma ferramenta particularmente eficaz. Pacientes podem enfrentar seus medos em um ritmo que seja confortável para eles, aumentando a probabilidade de sucesso terapêutico. Este nível de controle e personalização não é possível com técnicas de exposição tradicionais, tornando a RV uma alternativa valiosa e eficaz.

Estudo de caso em TEPT e Ansiedade Geral

Outro exemplo de sucesso na integração da RV e psicanálise envolve o tratamento de transtorno de estresse pós-traumático (TEPT). Em um estudo realizado por *Difede e Hoffman (2002)*, veteranos de guerra com TEPT participaram de sessões de exposição virtual que recriavam situações de combate. Os resultados mostraram uma redução significativa dos sintomas de TEPT após várias sessões de RV. Pacientes relataram uma diminuição nos pesadelos e flashbacks, além de uma melhora na função social e ocupacional.

Da mesma forma, a RV tem sido utilizada para tratar transtornos de ansiedade generalizada.

Maples-Keller et al. (2017) relataram casos onde pacientes experimentaram uma redução substancial na ansiedade após participar de sessões de RV projetadas para simular situações estressantes. A imersão em cenários controlados permitiu que os pacientes trabalhassem suas respostas de ansiedade de maneira segura e eficaz, levando a melhorias significativas na qualidade de vida.

Benefícios Adicionais da Imersão em RV

Além da exposição e tratamento de fobias e ansiedade, a RV oferece benefícios adicionais, como a capacidade de promover a empatia e a compreensão emocional. Em terapias de grupo, por exemplo, a RV pode ser usada para criar cenários onde os pacientes experimentam perspectivas diferentes, ajudando-os a desenvolver empatia e compreensão em relação às experiências de outros. Isso pode ser particularmente útil em terapias familiares ou de casais, onde a compreensão mútua é crucial para o progresso terapêutico (*Riva et al., 2007*).

2. EXPERIÊNCIAS DE TERAPEUTAS COM RV

Os depoimentos de terapeutas que têm utilizado a realidade virtual (RV) na prática clínica oferecem insights valiosos sobre os benefícios e desafios dessa tecnologia emergente. As experiências compartilhadas por esses profissionais destacam a eficácia da RV no acesso ao inconsciente dos pacientes e a importância da imersão na criação de um ambiente terapêutico seguro e acolhedor.

Acesso ao Inconsciente

Muitos terapeutas relatam que a RV facilita um acesso mais profundo e direto ao inconsciente dos pacientes. A capacidade de criar ambientes virtuais específicos e controlados permite que os terapeutas utilizem técnicas psicanalíticas de maneira mais eficaz. Por exemplo, em um estudo de *Botella et al. (2007)*, terapeutas utilizaram a RV para tratar pacientes com transtorno de estresse pós-traumático (TEPT). Os ambientes virtuais criados replicavam situações traumáticas, permitindo que os pacientes confrontassem e processassem memórias reprimidas em um ambiente seguro. Terapeutas observaram que essa abordagem resultou em uma redução significativa dos sintomas de TEPT e uma maior capacidade dos pacientes para integrar essas memórias em suas narrativas de vida.

Criação de Ambientes Terapêuticos Seguros

A imersão proporcionada pela RV é frequentemente citada como um dos principais benefícios por terapeutas.

A capacidade de criar um ambiente seguro e controlado onde os pacientes podem explorar suas emoções e pensamentos mais profundos sem medo de julgamento é fundamental para o sucesso terapêutico. Por exemplo, no trabalho de *Wiederhold e Wiederhold (2005)*, terapeutas usaram a RV para tratar fobias específicas, como medo de voar e claustrofobia. Os pacientes foram expostos gradualmente a situações temidas em um ambiente virtual, permitindo-lhes enfrentar e superar seus medos em um espaço seguro. Terapeutas relataram que essa abordagem não apenas ajudou os pacientes a reduzir sua ansiedade, mas também aumentou sua confiança e autoeficácia.

Benefícios Adicionais da RV na Prática Clínica

Além de facilitar o acesso ao inconsciente e criar ambientes terapêuticos seguros, a RV oferece outros benefícios importantes na prática clínica. Alguns terapeutas destacam a capacidade da RV de proporcionar uma terapia mais envolvente e interativa. Por exemplo, em terapias de grupo, a RV pode ser usada para simular cenários que promovem a empatia e a cooperação entre os participantes. Isso pode ser particularmente útil em contextos de terapia familiar ou de casal, onde a compreensão mútua e a comunicação são cruciais.

Outro benefício relatado é a flexibilidade da RV para se adaptar a diferentes necessidades terapêuticas.

Terapeutas podem ajustar os ambientes virtuais e os níveis de exposição de acordo com o progresso e as respostas dos pacientes. Essa capacidade de personalização permite uma abordagem mais precisa e eficaz para cada paciente, aumentando a probabilidade de sucesso terapêutico (*Rizzo et al., 2010*).

Desafios e Considerações Éticas

Apesar dos benefícios, os terapeutas também destacam alguns desafios e considerações éticas na utilização da RV na terapia. A privacidade e a segurança dos dados dos pacientes são preocupações importantes, especialmente porque a RV envolve a coleta de informações sensíveis sobre as reações emocionais e comportamentais dos pacientes. Além disso, há a necessidade de garantir que a tecnologia seja acessível e compreensível tanto para terapeutas quanto para pacientes. Treinamento adequado e suporte técnico são essenciais para o uso eficaz da RV na prática clínica.

3. EXEMPLOS PRÁTICOS DE SESSÕES TERAPÊUTICAS COM RV

Descrições detalhadas de sessões terapêuticas com realidade virtual (RV) fornecem insights valiosos sobre a implementação prática dessa abordagem inovadora na psicanálise. Ao criar ambientes virtuais significativos e personalizados, os terapeutas podem facilitar a exploração de memórias, emoções e pensamentos profundos dos pacientes. A seguir, exploramos alguns exemplos práticos de como a RV é utilizada em sessões terapêuticas, destacando as técnicas empregadas e os benefícios observados.

Simulação de Ambientes Significativos

Um dos principais usos da RV na terapia psicanalítica é a simulação de ambientes que têm um significado particular para o paciente. Por exemplo, um terapeuta pode recriar virtualmente a casa onde o paciente cresceu. Esse ambiente familiar pode ser utilizado para explorar memórias de infância, eventos traumáticos ou emoções reprimidas associadas a esses lugares. A recriação detalhada desses ambientes pode ajudar os pacientes a revisitar e processar experiências passadas de uma maneira controlada e segura.

Exemplo Prático: Em um estudo de *North et al. (2002)*, um paciente que sofria de ansiedade generalizada e depressão participou de sessões de RV onde sua casa de infância foi recriada virtualmente. Durante a sessão, o paciente foi guiado pelo terapeuta para explorar diferentes cômodos da casa e descrever suas lembranças e emoções associadas a cada espaço.

Essa abordagem permitiu ao paciente acessar memórias reprimidas e entender como essas experiências influenciavam seus sentimentos atuais. O paciente relatou uma redução significativa na ansiedade e uma melhor compreensão de suas emoções após várias sessões.

Exposição Virtual Gradual

A terapia de exposição é outra técnica onde a RV se mostrou particularmente eficaz. Para pacientes com fobias ou transtornos de ansiedade, a exposição gradual a estímulos temidos em um ambiente virtual controlado pode ser altamente benéfica. Essa abordagem permite que os pacientes enfrentem seus medos em um ritmo que seja confortável para eles, promovendo a desensibilização e a redução da ansiedade.

Exemplo Prático: Um estudo de *Parsons e Rizzo (2008)* descreve o uso de RV para tratar um paciente com medo de falar em público. A sessão começou com o paciente sendo exposto a um pequeno grupo virtual, aumentando gradualmente até simular uma grande audiência. Cada nível de exposição foi ajustado de acordo com o progresso do paciente, permitindo uma desensibilização gradual e controlada ao medo. Após várias sessões, o paciente relatou uma melhora significativa na confiança e uma redução nos sintomas de ansiedade ao falar em público.

Terapia de Processamento de Trauma

A RV também tem sido utilizada no tratamento de transtorno de estresse pós-traumático (TEPT), especialmente em casos de traumas de guerra ou eventos traumáticos específicos. A recriação de cenários traumáticos em RV permite que os pacientes processem e integrem suas experiências de maneira segura e terapêutica.

Exemplo Prático: *Difede e Hoffman (2002)* relataram um caso em que um veterano de guerra com TEPT participou de sessões de RV que recriavam cenários de combate. Durante as sessões, o terapeuta guiou o paciente através de diferentes situações, ajudando-o a confrontar e processar memórias traumáticas. Essa abordagem resultou em uma redução significativa dos sintomas de TEPT e uma melhora na função social e ocupacional do paciente.

Facilitação da Associação Livre

A técnica da associação livre, central na psicanálise, pode ser facilitada pela imersão em ambientes virtuais. A RV pode criar cenários que estimulam o fluxo de pensamentos e associações, ajudando os pacientes a explorar suas mentes de maneira mais profunda e intuitiva.

Exemplo Prático: Em um estudo de *Riva et al. (2007)*, pacientes participaram de sessões de RV onde eram expostos a ambientes calmantes e estimulantes, como florestas ou praias. Esses cenários foram projetados para induzir um estado de relaxamento e facilitar a associação livre. Durante a sessão, os pacientes eram incentivados a descrever seus pensamentos e emoções à medida que surgiam. Isso ajudou os terapeutas a identificar padrões inconscientes e trabalhar com os pacientes para resolver conflitos internos.

4. LIÇÕES APRENDIDAS E MELHORES PRÁTICAS

A integração da realidade virtual (RV) na psicanálise e em outras práticas psicoterapêuticas tem revelado diversas lições aprendidas e melhores práticas. Esses insights são essenciais para garantir a eficácia e a segurança das intervenções terapêuticas utilizando RV. Com base nas experiências relatadas em estudos de caso e exemplos práticos, algumas recomendações-chave emergem para otimizar o uso dessa tecnologia inovadora.

Adaptação às Necessidades do Paciente

Uma das lições mais importantes é a necessidade de adaptar a tecnologia da RV às necessidades específicas de cada paciente. Cada indivíduo tem experiências e reações únicas, e a flexibilidade da RV permite que os terapeutas criem ambientes personalizados que ressoem com as experiências pessoais dos pacientes. Por exemplo, um paciente com fobia social pode beneficiar-se de simulações de interações sociais graduais e controladas, enquanto outro com TEPT pode precisar de recriações específicas de eventos traumáticos para processar suas memórias.

Exemplo Prático: Em um estudo de *Freeman et al. (2017)*, pacientes com paranoia participaram de sessões de RV que simularam diferentes níveis de interações sociais. A personalização das situações ajudou a diminuir gradualmente os níveis de ansiedade dos pacientes, mostrando a importância de ajustar as simulações às necessidades individuais.

Qualificação dos Terapeutas

Outra lição crucial é a importância de conduzir a terapia com RV por terapeutas qualificados e experientes. A tecnologia da RV deve ser vista como uma ferramenta complementar à prática clínica tradicional, e os terapeutas precisam estar adequadamente treinados para integrar essa tecnologia de maneira eficaz. O treinamento deve incluir não apenas o uso técnico dos equipamentos de RV, mas também a aplicação de técnicas terapêuticas dentro dos ambientes virtuais.

Exemplo Prático: *Rizzo et al. (2010)* destacam a importância do treinamento especializado para terapeutas que utilizam RV. Em seu estudo, terapeutas passaram por um programa de formação intensiva que incluía a compreensão dos aspectos técnicos da RV e a aplicação de protocolos terapêuticos específicos. Esse treinamento resultou em uma implementação mais eficaz e segura da RV na prática clínica.

Considerações Éticas

Questões éticas são fundamentais na integração da RV na psicanálise. A privacidade dos dados dos pacientes é uma preocupação central, especialmente porque a RV envolve a coleta de informações detalhadas sobre as reações emocionais e comportamentais dos pacientes. Além disso, é crucial garantir que o ambiente terapêutico virtual seja seguro e respeite os limites pessoais dos pacientes.

Exemplo Prático: Em seu trabalho sobre terapia de exposição com RV, *Wiederhold e Wiederhold (2005)* enfatizam a necessidade de proteger a privacidade dos pacientes. Eles recomendam o uso de sistemas seguros de armazenamento de dados e a obtenção de consentimento informado detalhado antes do início da terapia. Isso assegura que os pacientes estejam cientes de como suas informações serão usadas e protegidas.

Criação de um Ambiente Terapêutico Seguro

A criação e manutenção de um ambiente terapêutico seguro é essencial para o sucesso da terapia com RV. Isso inclui não apenas a segurança física e emocional do paciente, mas também a minimização de possíveis efeitos colaterais, como o enjoo de movimento (cybersickness) que alguns indivíduos podem experimentar durante o uso de RV.

Exemplo Prático: *North et al. (2002)* relatam que, para minimizar os efeitos colaterais, é importante monitorar de perto a resposta dos pacientes durante as sessões de RV e ajustar as configurações de simulação conforme necessário. Sessões mais curtas e pausas frequentes podem ajudar a mitigar o enjoo de movimento, garantindo uma experiência terapêutica mais confortável.

Potencial Transformador da RV

Ao examinar esses estudos de caso e exemplos práticos, fica evidente que a integração da RV na psicanálise pode ser uma ferramenta poderosa para acessar e explorar o inconsciente. A imersão oferecida pela RV proporciona novas possibilidades para a prática terapêutica, permitindo aos pacientes uma exploração mais profunda de seus pensamentos, emoções e memórias.

CONCLUSÃO DO CAPÍTULO 4

A análise dos estudos de caso e exemplos práticos apresentados neste capítulo ilustra os benefícios e desafios da integração da RV na psicanálise. Os casos de sucesso destacam como a RV pode ser eficaz na superação de fobias, traumas e outros problemas psicológicos, proporcio-nando resultados positivos e duradouros para os pacientes. As experiências dos terapeutas ressaltam a importância da RV na criação de um ambiente terapêutico seguro e imersivo, facilitando a expressão de emoções profundas e a exploração do inconsciente.

Os exemplos práticos de sessões terapêuticas com RV demonstram como essa abordagem inovadora pode ser adaptada às necessidades específicas de cada paciente, oferecendo uma experiência terapêutica personalizada. No entanto, a integração da RV na psicanálise também apresenta desafios, como questões éticas relacionadas à privacidade dos dados dos pacientes e a necessidade de treinamento especializado para os terapeutas.

É crucial abordar esses desafios de forma responsável para garantir que a integração da RV na psicanálise seja feita de maneira ética. Em suma, os estudos de caso apresentados neste capítulo destacam o potencial transformador da RV na psicanálise, oferecendo novas ferramentas e abordagens para explorar e transformar o inconsciente. Com um entendimento cuidadoso e uma abordagem ética, a integração da RV na psicanálise pode abrir novos horizontes para a prática terapêutica.

Capítulo 5

Desafios e Considerações Éticas

"A tecnologia é um servo útil, mas um mestre perigoso."

- Christian Lous Lange

INTRODUÇÃO

A realidade virtual (RV) está se tornando uma ferramenta cada vez mais integrada à prática da psicanálise, oferecendo novas perspectivas e possibilidades para a terapia. A imersão profunda proporcionada pela RV permite que os pacientes explorem seu inconsciente de maneiras antes inacessíveis, abrindo novos caminhos para a compreensão e tratamento de questões psicológicas complexas. No entanto, à medida que essa tecnologia avança, surgem também questões éticas e sociais que precisam ser cuidadosamente consideradas.

Neste capítulo, exploramos o futuro da RV na psicanálise, examinando como essa tecnologia pode transformar a prática terapêutica e quais são os potenciais benefícios e desafios. Discutimos os impactos éticos e sociais da utilização da RV, incluindo preocupações com a privacidade dos dados dos pacientes, o consentimento informado e a possível desumanização da terapia. Além disso, abordamos a necessidade de regulamentação e normas para garantir que a integração da RV na psicanálise seja feita de maneira ética e responsável.

O uso crescente da RV na psicanálise não é apenas uma tendência tecnológica, mas também uma evolução que pode redefinir a relação entre terapeuta e paciente, bem como a própria natureza da terapia. Como em qualquer avanço significativo, é essencial que a implementação da RV seja acompanhada por uma reflexão ética profunda e por diretrizes claras para proteger tanto os pacientes quanto os profissionais envolvidos.

1. O FUTURO DA RV NA PSICANÁLISE

A realidade virtual (RV) está rapidamente se tornando mais acessível e sofisticada, com grandes implicações para a prática da psicanálise. As tendências emergentes incluem a integração da RV com outras tecnologias avançadas, como inteligência artificial (IA) e realidade aumentada (RA). Essas inovações tecnológicas oferecem novas oportunidades para a exploração do inconsciente e o desenvolvimento de abordagens terapêuticas mais eficazes e personalizadas.

A combinação de RV com IA pode permitir a criação de ambientes terapêuticos altamente adaptáveis e responsivos, onde as sessões podem ser ajustadas em tempo real com base nas respostas dos pacientes. A realidade aumentada, por sua vez, pode ser utilizada para complementar a RV, proporcionando uma camada adicional de interatividade e imersão. Por exemplo, pacientes poderiam visualizar elementos virtuais sobrepostos ao ambiente real, facilitando uma maior integração entre suas experiências internas e o mundo externo.

Potenciais Desenvolvimentos Tecnológicos

Os avanços tecnológicos na RV prometem transformar ainda mais a prática psicanalítica. As melhorias na qualidade gráfica tornarão as experiências virtuais mais realistas e envolventes, ajudando os pacientes a se conectar emocionalmente com os cenários apresentados. Aumentar a interatividade permitirá que os pacientes participem de maneira mais ativa nas sessões, explorando seus mundos internos de maneiras novas e significativas.

  Desafios e Considerações Éticas

A personalização será outro aspecto crucial. Com a ajuda de algoritmos de IA, os ambientes virtuais podem ser adaptados para atender às necessidades específicas de cada paciente, criando experiências terapêuticas únicas e eficazes. Além disso, a integração com dispositivos biométricos, como sensores de frequência cardíaca, dispositivos de rastreamento ocular e sensores de resposta galvânica da pele, permitirá monitorar as respostas fisiológicas dos pacientes durante a terapia. Esses dados podem fornecer insights valiosos sobre o estado emocional e psicológico dos pacientes, ajudando os terapeutas a ajustar as sessões de acordo.

O futuro da RV na psicanálise, portanto, não apenas promete maior acessibilidade e sofisticação tecnológica, mas também uma transformação profunda na maneira como a terapia é conduzida. Essas inovações têm o potencial de tornar a psicanálise mais interativa, personalizada e eficaz, oferecendo novas ferramentas para a exploração e transformação do inconsciente humano.

2. IMPACTOS ÉTICOS E SOCIAIS

A integração da realidade virtual (RV) na terapia psicanalítica traz à tona uma série de questões éticas que devem ser rigorosamente consideradas para garantir a segurança e o bem-estar dos pacientes. Entre essas questões, destacam-se a privacidade, o consentimento informado e a segurança dos dados.

Privacidade e Segurança dos Dados: A utilização da RV na terapia envolve a coleta e armazenamento de dados sensíveis sobre os pacientes, incluindo suas reações emocionais e fisiológicas. É crucial que esses dados sejam protegidos contra acesso não autorizado e violações de segurança. As instituições e os terapeutas devem implementar medidas rigorosas de proteção de dados, conforme regulamentações como o Regulamento Geral sobre a Proteção de Dados (GDPR) na União Europeia ou a Lei Geral de Proteção de Dados (LGPD) no Brasil.

Consentimento Informado: Antes de iniciar qualquer terapia utilizando RV, os pacientes devem ser plenamente informados sobre os riscos e benefícios associados a essa tecnologia. Isso inclui explicar como a RV funciona, quais dados serão coletados, como serão usados e protegidos, e os possíveis efeitos colaterais ou desconfortos que podem surgir durante a terapia. O consentimento informado deve ser obtido de maneira clara e compreensível, assegurando que os pacientes tenham a oportunidade de fazer perguntas e expressar quaisquer preocupações.

Ética no Tratamento: Os terapeutas precisam estar cientes das implicações éticas de usar RV, incluindo a possibilidade de criar dependência tecnológica ou induzir experiências psicológicas intensas que podem ser difíceis de gerenciar fora do ambiente virtual. A terapia deve ser conduzida por profissionais qualificados que possam monitorar e responder adequadamente às reações dos pacientes.

Efeitos Sociais da Disseminação da RV

A disseminação da RV na sociedade pode ter impactos sociais profundos, alterando a forma como as pessoas interagem e se relacionam, além de levantar questões sobre acesso e desigualdade.

Mudanças nas Interações Sociais: A RV tem o potencial de transformar as interações sociais, permitindo que as pessoas se conectem em ambientes virtuais de maneiras que não seriam possíveis no mundo físico. Isso pode criar novas formas de socialização e colaboração, mas também pode levar ao isolamento social se as interações virtuais substituírem as conexões face a face.

Acesso e Desigualdade: A adoção generalizada da RV pode exacerbar as desigualdades existentes, especialmente se o acesso a essa tecnologia for limitado por fatores econômicos ou geográficos. É fundamental que os desenvolvedores e os profissionais de saúde mental considerem maneiras de tornar a RV acessível a uma ampla gama de indivíduos, garantindo que todos possam se beneficiar dessa inovação.

Impactos na Saúde Mental: Embora a RV possa oferecer benefícios terapêuticos significativos, também há preocupações sobre os possíveis efeitos negativos, como a desorientação, a "doença de RV" (sensação de náusea e desconforto causada pela exposição prolongada à RV) e a dificuldade de distinguir entre a realidade virtual e a realidade física. Esses fatores precisam ser cuidadosamente monitorados e gerenciados para evitar impactos adversos na saúde mental dos usuários.

3. REGULAMENTAÇÃO E NORMAS

A regulamentação e o estabelecimento de normas para o uso da realidade virtual (RV) na terapia psicanalítica são cruciais para assegurar que essa prática seja conduzida de maneira segura e eficaz. A criação de padrões e diretrizes específicas pode ajudar a garantir que os terapeutas sejam devidamente formados e que os dados dos pacientes sejam protegidos.

Formação Adequada dos Terapeutas: É essencial que os terapeutas que utilizam RV em suas práticas sejam adequadamente treinados tanto no uso da tecnologia quanto nos aspectos clínicos e éticos de sua aplicação. Programas de formação devem incluir instruções sobre a operação segura dos sistemas de RV, a identificação e manejo de possíveis reações adversas dos pacientes e a integração da RV com outras técnicas terapêuticas.

Proteção dos Dados dos Pacientes: As diretrizes devem incluir medidas rigorosas para a proteção dos dados sensíveis dos pacientes. Isso envolve o uso de tecnologias de criptografia para proteger os dados armazenados e transmitidos, garantindo que apenas pessoas autorizadas possam acessar essas informações. Além disso, deve-se estabelecer procedimentos claros para a obtenção do consentimento informado dos pacientes, assegurando que eles compreendam como seus dados serão utilizados e protegidos.

Avaliação Contínua dos Resultados Terapêuticos: É importante implementar processos para a avaliação contínua dos resultados terapêuticos do uso da RV. Isso pode envolver a coleta de dados quantitativos e qualitativos sobre a eficácia das intervenções, bem como a realização de estudos de seguimento para monitorar os efeitos a longo prazo. Essa avaliação contínua ajudará a refinar as práticas e garantir que a RV esteja realmente beneficiando os pacientes.

Políticas de Privacidade e Segurança

Para proteger os dados sensíveis dos pacientes e garantir a confidencialidade, é fundamental que sejam implementadas políticas de privacidade e segurança rigorosas.

Criptografia dos Dados: Todos os dados coletados durante as sessões de RV devem ser criptografados para proteger contra acessos não autorizados. Isso inclui dados armazenados em dispositivos locais e aqueles transmitidos através da internet. A criptografia ajuda a garantir que, mesmo em caso de violação de segurança, os dados dos pacientes permaneçam inacessíveis para indivíduos não autorizados.

Consentimento Informado: Antes de iniciar o uso da RV, os pacientes devem ser informados detalhadamente sobre como seus dados serão coletados, armazenados e utilizados. O consentimento informado deve ser obtido de maneira transparente, e os pacientes devem ter a oportunidade de fazer perguntas e expressar quaisquer preocupações.

Além disso, devem ser informados sobre seus direitos em relação aos dados, incluindo a possibilidade de revogar o consentimento a qualquer momento.

Uso dos Dados Apenas para Fins Terapêuticos: As políticas devem garantir que os dados dos pacientes sejam utilizados exclusivamente para fins terapêuticos. Isso implica que os dados não sejam compartilhados com terceiros sem o consentimento explícito do paciente, exceto quando exigido por lei. Qualquer pesquisa ou estudo que utilize os dados dos pacientes deve também obter consentimento específico para esse propósito.

4. REFLEXÕES: A INTEGRAÇÃO DE TECNOLOGIA E PSICANÁLISE

A integração da realidade virtual (RV) na prática psicanalítica representa uma evolução significativa no campo da psicoterapia. Essa tecnologia oferece novas ferramentas para a exploração do inconsciente e para a criação de experiências terapêuticas imersivas e personalizadas. A RV pode ajudar a superar limitações das abordagens tradicionais, permitindo uma interação mais dinâmica e um acesso mais profundo aos conteúdos psíquicos dos pacientes. No entanto, essa evolução não está isenta de desafios e requer uma abordagem cuidadosa e ética.

Questões Éticas e Sociais na Integração da Tecnologia

Considerações Éticas: A utilização de RV na psicanálise levanta várias questões éticas que precisam ser abordadas de forma responsável. A privacidade dos dados dos pacientes é uma preocupação central, especialmente devido à natureza sensível das informações coletadas durante as sessões terapêuticas.

É fundamental implementar políticas rigorosas de proteção de dados, garantindo que informações confidenciais sejam armazenadas e transmitidas de maneira segura. O consentimento informado é outro aspecto crucial; os pacientes devem ser plenamente informados sobre os riscos e benefícios da terapia com RV, bem como sobre o uso e a proteção de seus dados.

Impactos Sociais: A disseminação da RV também tem implicações sociais significativas. A acessibilidade à tecnologia é uma preocupação, pois pode criar desigualdades no acesso aos benefícios terapêuticos que a RV pode proporcionar. Além disso, a forma como as pessoas interagem e se relacionam pode ser influenciada pela crescente dependência da tecnologia. É importante considerar como a RV pode ser integrada de maneira equitativa e inclusiva, evitando a ampliação de disparidades sociais.

O Futuro da RV na Psicanálise

Equilíbrio entre Inovação e Ética: O futuro da RV na psicanálise deve ser guiado por um equilíbrio entre inovação tecnológica e considerações éticas. A tecnologia deve ser vista como uma ferramenta complementar, que enriquece o processo terapêutico sem substituir a relação fundamental entre o paciente e o terapeuta. A relação terapêutica é o núcleo da prática psicanalítica, proporcionando um espaço seguro para a exploração emocional e psicológica. A RV pode potencializar essa relação, oferecendo novas maneiras de acessar e trabalhar com o inconsciente, mas não deve ser vista como um substituto para o contato humano e a empatia que caracterizam a terapia tradicional.

Regulamentação e Normas: Para garantir a integração ética e eficaz da RV na psicanálise, é necessário desenvolver e implementar regulamentações e normas claras.

Isso inclui a criação de diretrizes para a formação dos terapeutas, a proteção dos dados dos pacientes e a avaliação contínua dos resultados terapêuticos. Políticas de privacidade e segurança devem ser rigorosas, garantindo que os dados dos pacientes sejam protegidos contra acessos não autorizados e que o consentimento informado seja obtido de maneira transparente.

A integração da RV na psicanálise oferece um potencial transformador para a prática terapêutica, proporcionando novas maneiras de explorar e compreender o inconsciente humano. No entanto, é essencial abordar de forma responsável as questões éticas e sociais associadas a essa integração. Ao equilibrar a inovação tecnológica com a ética na prática clínica, podemos garantir que a RV seja usada de maneira benéfica e segura, enriquecendo a experiência terapêutica e oferecendo novas possibilidades para o tratamento psicanalítico.

CONCLUSÃO DO CAPÍTULO 5

O avanço da realidade virtual (RV) na psicanálise abre um novo horizonte de possibilidades terapêuticas, mas também traz consigo desafios éticos e sociais significativos. Este capítulo explorou essas questões, destacando o potencial futuro da RV na psicanálise, os impactos éticos e sociais de sua disseminação e a necessidade de regulamentação e normas.

O futuro da RV na psicanálise promete avanços emocionantes, com tendências emergentes e potenciais desenvolvimentos tecnológicos que podem transformar a prática terapêutica. A crescente sofisticação e acessibilidade da RV, combinada com a integração de tecnologias como a inteligência artificial e a realidade aumentada, oferece novas formas de explorar o inconsciente humano. Esses avanços podem proporcionar experiências terapêuticas mais ricas, imersivas e personalizadas, ampliando as possibilidades de tratamento e aumentando a eficácia terapêutica.

No entanto, é crucial abordar as considerações éticas, como a privacidade dos pacientes e o consentimento informado, bem como os impactos sociais da disseminação da RV. A privacidade dos dados dos pacientes deve ser protegida rigorosamente, com políticas de segurança robustas e criptografia adequada. Os pacientes devem ser plenamente informados sobre os riscos e benefícios da terapia com RV, e seu consentimento deve ser obtido de maneira clara e transparente.

Além disso, a acessibilidade e a equidade no uso da RV são preocupações importantes, pois a disseminação dessa tecnologia pode exacerbar desigualdades existentes no acesso aos cuidados de saúde mental.

A regulamentação e a definição de padrões e diretrizes são essenciais para garantir o uso ético e responsável da RV na terapia. Isso inclui a criação de diretrizes claras para a formação dos terapeutas, garantindo que eles estejam adequadamente preparados para utilizar a RV de forma eficaz e segura. As políticas de privacidade e segurança devem ser rigorosas, protegendo os dados sensíveis dos pacientes e garantindo que sejam utilizados apenas para fins terapêuticos. A avaliação contínua dos resultados terapêuticos é igualmente importante, para assegurar que a integração da RV na psicanálise esteja proporcionando os benefícios esperados.

Em última análise, a integração da RV na psicanálise representa um avanço significativo na prática terapêutica, oferecendo novas formas de acessar e explorar o inconsciente humano. No entanto, é fundamental abordar essas questões de forma cuidadosa e deliberada, garantindo que a tecnologia seja uma aliada no processo terapêutico, sem comprometer os princípios éticos e a qualidade do cuidado oferecido aos pacientes.

Ao explorar casos de sucesso, experiências de terapeutas, exemplos práticos de sessões terapêuticas e as lições aprendidas, ficou claro que a RV tem o potencial de enriquecer significativamente a prática psicanalítica. Que este trabalho inspire reflexões e discussões futuras sobre o papel da tecnologia na saúde mental e no bem-estar humano, promovendo uma integração responsável e ética da RV na psicanálise.

Conclusão

do E-book

"O futuro pertence àqueles que acreditam na beleza de seus sonhos."

- Eleanor Roosevelt

Ao longo deste e-book, exploramos as interseções entre a realidade virtual (RV) e a psicanálise, destacando como essa integração está transformando a prática terapêutica. Examinamos o conceito de realidades alternativas na psicanálise e como a RV pode criar ambientes simulados que permitem aos pacientes explorar aspectos ocultos de si mesmos. Discutimos o uso da RV na terapia psicanalítica, apresentando casos de estudo que mostram seus benefícios terapêuticos, como a criação de um espaço seguro para a expressão emocional e a facilitação da resolução de conflitos internos.

Também analisamos a RV como uma ferramenta para a exploração do inconsciente, destacando sua capacidade de simular cenários que refletem processos mentais inconscientes e facilitar a técnica de associação livre. Além disso, abordamos os desafios e limitações da integração da RV na prática psicanalítica, como questões éticas relacionadas à privacidade dos dados dos pacientes e limitações tecnológicas e psicológicas.

A relação entre a RV e o inconsciente é um dos aspectos mais fascinantes e promissores desta integração. A RV proporciona um ambiente imersivo onde os pacientes podem visualizar e interagir com representações de seus pensamentos, emoções e memórias inconscientes. Esta capacidade de materializar o inconsciente em um espaço virtual oferece uma nova dimensão para a psicanálise, permitindo aos terapeutas e pacientes explorar conteúdos psíquicos profundos de maneiras que não seriam possíveis nas abordagens tradicionais.

A imersão na RV pode ser comparada a estados alterados de consciência, onde a mente está mais receptiva a insights e experiências não acessíveis em estados de vigília normais. Esse paralelo com os sonhos, que Freud considerava a "via régia para o inconsciente", sugere que a RV pode servir como um poderoso meio para acessar e compreender desejos reprimidos, conflitos internos e traumas passados.

O futuro da psicanálise na era digital é promissor, mas requer uma abordagem cuidadosa e ética para garantir que a integração da tecnologia beneficie os pacientes. Com o avanço contínuo da RV e outras tecnologias emergentes, como a inteligência artificial e a realidade aumentada, novas oportunidades surgirão para explorar e tratar o inconsciente humano.

É fundamental que a psicanálise evolua em paralelo com essas tecnologias, mantendo-se fiel aos seus princípios fundamentais enquanto incorpora novas ferramentas que podem enriquecer a prática terapêutica. A criação de padrões e diretrizes para o uso ético da RV na terapia é essencial, incluindo a formação adequada dos terapeutas, a proteção rigorosa dos dados dos pacientes e a avaliação contínua dos resultados terapêuticos.

Além disso, é importante considerar os impactos sociais da disseminação da RV, garantindo que essa tecnologia seja acessível e equitativa para todos os pacientes, independentemente de suas circunstâncias socioeconômicas.

A inclusão de políticas de privacidade e segurança robustas também é crucial para proteger os dados sensíveis dos pacientes e garantir que a RV seja usada de maneira responsável e segura.

Em suma, a integração da RV na psicanálise representa um avanço significativo na prática terapêutica, oferecendo novas formas de acessar e explorar o inconsciente humano. No entanto, é essencial abordar as questões éticas e sociais associadas a essa integração para garantir que a tecnologia seja uma aliada no processo terapêutico, sem comprometer os princípios éticos e a qualidade do cuidado oferecido aos pacientes.

RESUMO DOS PONTOS PRINCIPAIS

Exploramos as bases teóricas da psicanálise, conforme desenvolvidas por Sigmund Freud, que incluem a estrutura da mente dividida entre o id, o ego e o superego. A psicanálise se centra no conceito de inconsciente, uma parte da mente que armazena desejos, medos e memórias reprimidas, influenciando o comportamento e a experiência consciente de maneiras profundas e muitas vezes não percebidas. Compreender o funcionamento psíquico humano a partir dessa perspectiva é essencial para reconhecer a importância da RV como ferramenta terapêutica que pode acessar e manipular essas camadas profundas da psique.

Demonstramos como a RV pode ser utilizada como uma ferramenta terapêutica inovadora e eficaz na psicanálise. A RV oferece um ambiente imersivo onde os pacientes podem explorar seu inconsciente de maneiras que seriam impossíveis através de métodos tradicionais. A capacidade de simular cenários e interagir com representações visuais dos próprios medos, desejos e traumas facilita um nível mais profundo de introspecção e autoexploração. Isso pode acelerar o processo terapêutico e tornar a terapia mais acessível e atraente para os pacientes.

Apresentamos vários estudos de caso que ilustram o sucesso da integração de RV e psicanálise. Por exemplo, um estudo envolvendo um paciente com fobia de altura mostrou como a exposição a ambientes virtuais

    Conclusão do E-book

controlados ajudou a reduzir significativamente a ansiedade e melhorar a qualidade de vida. Outros exemplos práticos incluem o uso de RV para simular ambientes significativos para os pacientes, como a casa onde cresceram, facilitando a exploração de memórias e emoções reprimidas.

Discutimos as tendências emergentes e os potenciais desenvolvimentos tecnológicos na RV, incluindo a melhoria na qualidade gráfica, maior interatividade e a integração com dispositivos biométricos. Essas inovações podem transformar a prática terapêutica, oferecendo novas formas de acessar e explorar o inconsciente humano. No entanto, a disseminação da RV na psicanálise levanta questões éticas e sociais significativas, como a privacidade dos dados dos pacientes, o consentimento informado e a segurança dos dados. A regulamentação rigorosa e a criação de diretrizes são essenciais para garantir o uso responsável e eficaz da RV na terapia.

REFLEXÕES FINAIS SOBRE RV E O INCONSCIENTE

A integração da realidade virtual (RV) na psicanálise abre um novo campo de possibilidades para a exploração e compreensão do inconsciente humano. Tradicionalmente, a psicanálise se baseia em métodos como a interpretação dos sonhos e a associação livre para acessar os conteúdos profundos da mente, métodos que são eficazes mas que dependem muito da subjetividade do paciente e do terapeuta. A RV, por outro lado, oferece uma ferramenta tecnológica que pode complementar essas abordagens tradicionais, criando uma experiência mais direta e interativa para explorar o inconsciente.

Uma das maiores vantagens da RV é a capacidade de criar ambientes virtuais imersivos e controlados. Esses ambientes podem ser ajustados para atender às necessidades específicas de cada paciente, permitindo uma personalização da experiência terapêutica. Por exemplo, a RV pode simular cenários específicos que são relevantes para o histórico e os traumas do paciente, como a casa onde ele cresceu ou situações que desencadeiam ansiedade ou medo. Isso facilita a confrontação e o processamento de memórias reprimidas e emoções, promovendo uma catarse terapêutica.

A RV permite que os pacientes acessem aspectos profundos de sua mente de maneira mais imediata e visual. A capacidade de visualizar e interagir com representações simbólicas do inconsciente pode tornar mais fácil a compreensão e o processamento de

   Conclusão do E-book

conteúdos psíquicos que, de outra forma, seriam difíceis de articular. Por exemplo, em um ambiente virtual, um paciente pode confrontar uma representação simbólica de um medo ou trauma, permitindo uma exploração mais direta e menos abstrata desses conteúdos.

A técnica da associação livre, um dos pilares da psicanálise, pode ser significativamente aprimorada com o uso da RV. Em um ambiente virtual, os pacientes podem ser estimulados a explorar livremente suas associações mentais e emocionais, sem as limitações impostas pelo ambiente físico. Isso pode criar um espaço mais aberto e receptivo para a expressão espontânea de pensamentos e sentimentos, facilitando um acesso mais direto ao inconsciente.

A integração da RV na psicanálise representa um avanço significativo, proporcionando novas maneiras de explorar e compreender o inconsciente humano. A criação de ambientes virtuais imersivos e controlados permite uma personalização e uma profundidade na experiência terapêutica que podem complementar e, em alguns casos, superar os métodos tradicionais. No entanto, é crucial abordar essas inovações tecnológicas com cuidado, garantindo que as considerações éticas e a qualidade do cuidado terapêutico sejam mantidas. Com uma abordagem equilibrada, a RV tem o potencial de revolucionar a psicanálise e abrir novos horizontes para a terapia e o bem-estar mental.

O FUTURO DA PSICANÁLISE NA ERA DIGITAL

O futuro da psicanálise na era digital é repleto de possibilidades, com a realidade virtual (RV) desempenhando um papel central na evolução da prática terapêutica. A integração da RV na psicanálise promete revolucionar a forma como acessamos e exploramos o inconsciente humano, oferecendo novas ferramentas e abordagens para a prática clínica. Além disso, avanços tecnológicos complementares, como a inteligência artificial (IA) e a realidade aumentada (RA), têm o potencial de expandir ainda mais as fronteiras da terapia psicanalítica, proporcionando soluções mais eficazes para os desafios mentais contemporâneos.

A RV oferece um ambiente controlado e imersivo para a exploração do inconsciente, permitindo que terapeutas e pacientes acessem e processem conteúdos psíquicos profundos de maneiras inovadoras. Com a capacidade de simular cenários e experiências significativas para o paciente, a RV amplia as possibilidades terapêuticas, proporcionando uma experiência mais rica e personalizada.

Além da RV, outros avanços tecnológicos, como a inteligência artificial e a realidade aumentada, têm o potencial de transformar ainda mais a psicanálise na era digital. A IA pode ser usada para analisar grandes quantidades de dados clínicos e psicológicos, auxiliando os terapeutas no diagnóstico e no planejamento do tratamento. Por outro lado, a RA pode integrar elementos virtuais ao ambiente físico do paciente, criando experiências terapêuticas mais envolventes e interativas. Apesar dos benefícios potenciais, é crucial manter um equilíbrio entre a inovação tecnológica e os princípios éticos na prática terapêutica. Questões relacionadas à privacidade dos pacientes, consentimento informado e uso responsável da tecnologia devem ser cuidadosamente consideradas para garantir que a integração da RV, IA e RA na psicanálise seja feita de forma ética e eficaz.

Ao longo deste e-book, procuramos fornecer uma visão abrangente de como a RV está moldando o futuro da psicanálise, oferecendo novas ferramentas e abordagens para explorar e transformar o inconsciente humano de maneira ética e eficaz.

REFERÊNCIAS BIBLIOGRÁFICAS

Capítulo 1: Introdução à Realidade Virtual

1. Definição de Realidade Virtual (RV)

- Lanier, J. (2017). Dawn of the New Everything: Encounters with Reality and Virtual Reality. Henry Holt and Co.
- Rheingold, H. (1991). Virtual Reality: The Revolutionary Technology of Computer-Generated Artificial Worlds - and How It Promises to Transform Society. Simon & Schuster.
- Sutherland, I. E. (1965). "The Ultimate Display." Proceedings of the IFIP Congress, 2, 506-508.
- Heilig, M. (1962). "Sensorama Simulator." US Patent 3,050,870.

2. História e Evolução da RV

- Mazuryk, T., & Gervautz, M. (1996). "Virtual Reality - History, Applications, Technology and Future." Institute of Computer Graphics, Vienna University of Technology. Available at: cg.tuwien.ac.at
- Sherman, W. R., & Craig, A. B. (2002). Understanding Virtual Reality: Interface, Application, and Design. Morgan Kaufmann.
- Luckey, P., et al. (2012). "Oculus Rift: An Open Source HMD for Immersive Virtual Reality Experiences." Proceedings of the ACM SIGGRAPH 2012 Emerging Technologies.
- Linden Lab. (2003). "Second Life: A Virtual World Platform." Available at: secondlife.com

3. Aplicações da RV

- *Slater, M., & Sanchez-Vives, M. V. (2016). "Enhancing Our Lives with Immersive Virtual Reality." Frontiers in Robotics and AI, 3, 74.*
- *Parsons, T. D., & Rizzo, A. A. (2008). "Affective Outcomes of Virtual Reality Exposure Therapy for Anxiety and Specific Phobias: A Meta-Analysis." Journal of Behavior Therapy and Experimental Psychiatry, 39(3), 250-261.*
- *Riva, G., & Wiederhold, B. K. (2002). Virtual Environments in Clinical Psychology and Neuroscience: Methods and Techniques in Advanced Patient-Therapist Interaction. IOS Press.*
- *Google Expeditions. (n.d.). Available at: edu.google.com*

4. Potencial Futuro da RV

- Pimentel, K., & Teixeira, K. (2019). Virtual Reality: Through the New Looking Glass. Springer.
- Burdea, G. C., & Coiffet, P. (2003). Virtual Reality Technology. Wiley-Interscience.
- Sherman, W. R., & Craig, A. B. (2018). Understanding Virtual Reality: Interface, Application, and Design. Morgan Kaufmann.
- Slater, M. (2009). "Place Illusion and Plausibility Can Lead to Realistic Behaviour in Immersive Virtual Environments." Philosophical Transactions of the Royal Society B: Biological Sciences, 364(1535), 3549-3557.
- Milgram, P., & Kishino, F. (1994). "Taxonomy of Mixed Reality Visual Displays." IEICE Transactions on Information and Systems, 77(12), 1321-1329.

- *Garau, M., et al. (2005). "The Impact of Avatar Fidelity on Social Interaction in Virtual Environments." IEEE Computer Graphics and Applications, 25(4), 44-52.*

Conclusão do Capítulo 1

- *Rheingold, H. (1991). Virtual Reality: The Revolutionary Technology of Computer-Generated Artificial Worlds - and How It Promises to Transform Society. Simon & Schuster.*
- *Slater, M. (2009). "Place Illusion and Plausibility Can Lead to Realistic Behaviour in Immersive Virtual Environments." Philosophical Transactions of the Royal Society B: Biological Sciences, 364(1535), 3549-3557.*
- *Milgram, P., & Kishino, F. (1994). "Taxonomy of Mixed Reality Visual Displays." IEICE Transactions on Information and Systems, 77(12), 1321-1329.*
- *Garau, M., et al. (2005). "The Impact of Avatar Fidelity on Social Interaction in Virtual Environments." IEEE Computer Graphics and Applications, 25(4), 44-52.*
- *Pimentel, K., & Teixeira, K. (2019). Virtual Reality: Through the New Looking Glass. Springer.*
- *Burdea, G. C., & Coiffet, P. (2003). Virtual Reality Technology. Wiley-Interscience.*
- *Sherman, W. R., & Craig, A. B. (2018). Understanding Virtual Reality: Interface, Application, and Design. Morgan Kaufmann.*

Capítulo 2: O Inconsciente na Psicanálise

1. Fundamentos da Psicanálise
- Freud, S. (2011). The Interpretation of Dreams. Basic Books.
- Freud, S. (2010). Introductory Lectures on Psychoanalysis. W. W. Norton & Company.
- Laplanche, J., & Pontalis, J. B. (1988). The Language of Psychoanalysis. Karnac Books.
- Mitchell, S. A., & Black, M. J. (1995). Freud and Beyond: A History of Modern Psychoanalytic Thought. Basic Books.
- Storr, A. (2001). Freud: A Very Short Introduction. Oxford University Press.

2. O Inconsciente e os Sonhos
- Freud, S. (1900). A Interpretação dos Sonhos. Editora Imago.
- Laplanche, J., & Pontalis, J. B. (1988). The Language of Psychoanalysis. Karnac Books.
- Freud, S. (2010). Introductory Lectures on Psychoanalysis. W. W. Norton & Company.
- Hall, C. S., & Nordby, V. J. (1972). The Individual and His Dreams. New American Library.

3. Técnicas Psicanalíticas
- Freud, S. (1900). A Interpretação dos Sonhos. Editora Imago.
- Freud, S. (1958). Fragmentos da análise de um caso de histeria. Ed. Standard Brasileira das Obras Psicológicas Completas de Sigmund Freud, 7, 13-124.

- Laplanche, J., & Pontalis, J. B. (1988). The Language of Psychoanalysis. Karnac Books.
- Mitchell, S. A., & Black, M. J. (1995). Freud and Beyond: A History of Modern Psychoanalytic Thought. Basic Books.

4. Relevância do Inconsciente na Psicanáliserna

- Jung, C. G. (1933). Modern Man in Search of a Soul. Harcourt Brace.
- Adler, A. (1927). Understanding Human Nature. Greenberg Publisher.
- Klein, M. (1932). The Psycho-Analysis of Children. The Hogarth Press and the Institute of Psycho-Analysis.
- Beck, A. T. (1976). Cognitive Therapy and the Emotional Disorders. International Universities Press.
- Rogers, C. R. (1951). Client-Centered Therapy: Its Current Practice, Implications, and Theory. Houghton Mifflin.
- Damasio, A. R. (1994). Descartes' Error: Emotion, Reason, and the Human Brain. Putnam.

Conclusão do Capítulo 2

- Freud, S. (1915). Conferências Introdutórias sobre Psicanálise. Edição Standard Brasileira das Obras Psicológicas Completas de Sigmund Freud, 16.
- Laplanche, J., & Pontalis, J. B. (1988). The Language of Psychoanalysis. Karnac Books.
- Mitchell, S. A., & Black, M. J. (1995). Freud and Beyond: A History of Modern Psychoanalytic Thought. Basic Books

- Fonagy, P., Gergely, G., Jurist, E. L., & Target, M. (2002). Affect Regulation, Mentalization, and the Development of the Self. Other Press.

Capítulo 3: Realidade Virtual e Psicanálise
Introdução

- Bohil, C. J., Alicea, B., & Biocca, F. A. (2011). Virtual reality in neuroscience research and therapy. Nature Reviews Neuroscience, 12(12), 752-762.
- Freeman, D., Reeve, S., Robinson, A., Ehlers, A., Clark, D., Spanlang, B., & Slater, M. (2017). Virtual reality in the assessment, understanding, and treatment of mental health disorders. Psychological Medicine, 47(14), 2393-2400.
- Maples-Keller, J. L., Bunnell, B. E., Kim, S. J., & Rothbaum, B. O. (2017). The use of virtual reality technology in the treatment of anxiety and other psychiatric disorders. Harvard Review of Psychiatry, 25(3), 103-113.
- Riva, G., Wiederhold, B. K., & Molinari, E. (1998). Virtual environments in clinical psychology and neuroscience: Methods and techniques in advanced patient-therapist interaction. IOS Press.

1. O Conceito de Realidade Virtual na Psicanálise

- Freud, S. (1900). The Interpretation of Dreams. Macmillan.
- Spiegel, D. (1989). Hypnosis in the treatment of victims of sexual abuse. Psychiatric Clinics of North America, 12(2), 295-305.

2. Uso da RV na Terapia Psicanalítica

- Rothbaum, B. O., Hodges, L., Kooper, R., Opdyke, D., Williford, J. S., & North, M. (1995). Effectiveness of computer-generated (virtual reality) graded exposure in the treatment of acrophobia. The American Journal of Psychiatry, 152(4), 626-628.
- Rizzo, A. A., Difede, J., Rothbaum, B. O., Reger, G., Spitalnick, J., Cukor, J., McLay, R., ... & Rothbaum, B. O. (2010). Virtual reality exposure therapy for combat-related posttraumatic stress disorder. Computer and Graphics, 34(1), 25-33.

3. RV como Ferramenta para Exploração do Inconsciente

- Maples-Keller, J. L., Bunnell, B. E., Kim, S. J., & Rothbaum, B. O. (2017). The use of virtual reality technology in the treatment of anxiety and other psychiatric disorders. Harvard Review of Psychiatry, 25(3), 103-113.
- Rizzo, A. A., Difede, J., Rothbaum, B. O., Reger, G., Spitalnick, J., Cukor, J., McLay, R., ... & Rothbaum, B. O. (2010). Virtual reality exposure therapy for combat-related posttraumatic stress disorder. Computer and Graphics, 34(1), 25-33.
- Repetto, C., Gaggioli, A., Pallavicini, F., Cipresso, P., & Riva, G. (2013). Virtual reality and mobile phones in the treatment of generalized anxiety disorders: A phase-2 clinical trial. Personal and Ubiquitous Computing, 17(2), 253-260.

4. Desafios e Limitações

- Bohil, C. J., Alicea, B., & Biocca, F. A. (2011). Virtual reality in neuroscience research and therapy. Nature Reviews Neuroscience, 12(12), 752-762.
- Freeman, D., Reeve, S., Robinson, A., Ehlers, A., Clark, D., Spanlang, B., & Slater, M. (2017). Virtual reality in the assessment, understanding, and treatment of mental health disorders. Psychological Medicine, 47(14), 2393-2400.
- Riva, G., Wiederhold, B. K., & Molinari, E. (1998). Virtual environments in clinical psychology and neuroscience: Methods and techniques in advanced patient-therapist interaction. IOS Press.

Conclusão do Capítulo 3

- Bohil, C. J., Alicea, B., & Biocca, F. A. (2011). Virtual reality in neuroscience research and therapy. Nature Reviews Neuroscience, 12(12), 752-762.
- Freeman, D., Reeve, S., Robinson, A., Ehlers, A., Clark, D., Spanlang, B., & Slater, M. (2017). Virtual reality in the assessment, understanding, and treatment of mental health disorders. Psychological Medicine, 47(14), 2393-2400.
- Maples-Keller, J. L., Bunnell, B. E., Kim, S. J., & Rothbaum, B. O. (2017). The use of virtual reality technology in the treatment of anxiety and other psychiatric disorders. Harvard Review of Psychiatry, 25(3), 103-113.

- Riva, G., Wiederhold, B. K., & Molinari, E. (1998). Virtual environments in clinical psychology and neuroscience: Methods and techniques in advanced patient-therapist interaction. IOS Press.

Capítulo 4: Estudos de Caso

Introdução
- Bohil, C. J., Alicea, B., & Biocca, F. A. (2011). Virtual reality in neuroscience research and therapy. Nature Reviews Neuroscience, 12(12), 752-762.
- Freeman, D., Reeve, S., Robinson, A., Ehlers, A., Clark, D., Spanlang, B., & Slater, M. (2017). Virtual reality in the assessment, understanding, and treatment of mental health disorders. Psychological Medicine, 47(14), 2393-2400.
- Maples-Keller, J. L., Bunnell, B. E., Kim, S. J., & Rothbaum, B. O. (2017). The use of virtual reality technology in the treatment of anxiety and other psychiatric disorders. Harvard Review of Psychiatry, 25(3), 103-113.
- Riva, G., Wiederhold, B. K., & Molinari, E. (1998). Virtual environments in clinical psychology and neuroscience: Methods and techniques in advanced patient-therapist interaction. IOS Press.
- Stake, R. E. (2005). Qualitative case studies. In The SAGE handbook of qualitative research (pp. 443-466). Sage.
- Yin, R. K. (2018). Case study research and applications: Design and methods. Sage publications.

1. Casos de Sucesso na Integração de RV e Psicanálise

- Difede, J., & Hoffman, H. G. (2002). Virtual reality exposure therapy for World Trade Center post-traumatic stress disorder: A case report. CyberPsychology & Behavior, 5(6), 529-535.
- Emmelkamp, P. M., Bruynzeel, M., Drost, L., & Van der Mast, C. A. (2002). Virtual reality treatment in acrophobia: A comparison with exposure in vivo. CyberPsychology & Behavior, 4(3), 335-339.
- Maples-Keller, J. L., Bunnell, B. E., Kim, S. J., & Rothbaum, B. O. (2017). The use of virtual reality technology in the treatment of anxiety and other psychiatric disorders. Harvard Review of Psychiatry, 25(3), 103-113.
- Powers, M. B., & Emmelkamp, P. M. G. (2008). Virtual reality exposure therapy for anxiety disorders: A meta-analysis. Journal of Anxiety Disorders, 22(3), 561-569.
- Riva, G., Wiederhold, B. K., & Molinari, E. (2007). Virtual environments in clinical psychology and neuroscience: Methods and techniques in advanced patient-therapist interaction. IOS Press.

2. Experiências de Terapeutas com RV

- Botella, C., Serrano, B., Baños, R. M., & García-Palacios, A. (2007). Virtual reality exposure-based therapy for the treatment of posttraumatic stress disorder: A review of its efficacy, the adequacy of the treatment protocol, and its acceptability. Neuropsychiatric Disease and Treatment, 3(4), 517-524.

- Wiederhold, B. K., & Wiederhold, M. D. (2005). Virtual reality therapy for anxiety disorders: Advances in evaluation and treatment. American Psychological Association.
- Rizzo, A. A., Difede, J., Rothbaum, B. O., Reger, G., Spitalnick, J., Cukor, J., McLay, R., ... & Rothbaum, B. O. (2010). Virtual reality exposure therapy for combat-related posttraumatic stress disorder. Computer and Graphics, 34(1), 25-33.

3. Exemplos Práticos de Sessões Terapêuticas com RV

- Difede, J., & Hoffman, H. G. (2002). Virtual reality exposure therapy for World Trade Center post-traumatic stress disorder: A case report. CyberPsychology & Behavior, 5(6), 529-535.
- North, M. M., North, S. M., & Coble, J. R. (2002). Virtual reality therapy: An effective treatment for psychological disorders. Virtual Environments for Health Care, 3-14.
- Parsons, T. D., & Rizzo, A. A. (2008). Affective outcomes of virtual reality exposure therapy for anxiety and specific phobias: A meta-analysis. Journal of Behavior Therapy and Experimental Psychiatry, 39(3), 250-261.
- Riva, G., Wiederhold, B. K., & Molinari, E. (2007). Virtual environments in clinical psychology and neuroscience: Methods and techniques in advanced patient-therapist interaction. IOS Press.

4. Lições Aprendidas e Melhores Práticas

- Freeman, D., Haselton, P., Freeman, J., Spanlang, B., Kishore, S., Albery, E., ... & Slater, M. (2017). Automated psychological therapy using immersive virtual reality for treatment of fear of heights: a single-blind, parallel-group, randomised controlled trial. The Lancet Psychiatry, 5(8), 625-632.
- North, M. M., North, S. M., & Coble, J. R. (2002). Virtual reality therapy: An effective treatment for psychological disorders. Virtual Environments for Health Care, 3-14.
- Rizzo, A. A., Difede, J., Rothbaum, B. O., Reger, G., Spitalnick, J., Cukor, J., McLay, R., ... & Rothbaum, B. O. (2010). Virtual reality exposure therapy for combat-related posttraumatic stress disorder. Computer and Graphics, 34(1), 25-33.
- Wiederhold, B. K., & Wiederhold, M. D. (2005). Virtual reality therapy for anxiety disorders: Advances in evaluation and treatment. American Psychological Association.

Conclusão do Capítulo 4

- Freeman, D., Haselton, P., Freeman, J., Spanlang, B., Kishore, S., Albery, E., ... & Slater, M. (2017). Automated psychological therapy using immersive virtual reality for treatment of fear of heights: a single-blind, parallel-group, randomised controlled trial. The Lancet Psychiatry, 5(8), 625-632.
- North, M. M., North, S. M., & Coble, J. R. (2002). Virtual reality therapy: An effective treatment for psychological disorders. Virtual Environments for Health Care, 3-14.

- Rizzo, A. A., Difede, J., Rothbaum, B. O., Reger, G., Spitalnick, J., Cukor, J., McLay, R., ... & Rothbaum, B. O. (2010). Virtual reality exposure therapy for combat-related posttraumatic stress disorder. Computer and Graphics, 34(1), 25-33.
- Wiederhold, B. K., & Wiederhold, M. D. (2005). Virtual reality therapy for anxiety disorders: Advances in evaluation and treatment. American Psychological Association.
- Difede, J., & Hoffman, H. G. (2002). Virtual reality exposure therapy for World Trade Center post-traumatic stress disorder: A case report. CyberPsychology & Behavior, 5(6), 529-535.
- North, M. M., North, S. M., & Coble, J. R. (2002). Virtual reality therapy: An effective treatment for psychological disorders. Virtual Environments for Health Care, 3-14.

Capítulo 5: Desafios e Considerações Éticas

Introdução

- Madary, M., & Metzinger, T. K. (2016). Real virtuality: A code of ethical conduct. Recommendations for good scientific practice and the consumers of VR-technology. Frontiers in Robotics and AI, 3, 3.
- Rizzo, A. A., & Koenig, S. T. (2017). Is clinical virtual reality ready for primetime? Neuropsychology, 31(8), 877-899.
- Slater, M., & Sanchez-Vives, M. V. (2016). Enhancing our lives with immersive virtual reality. Frontiers in Robotics and AI, 3, 74.
- Wiederhold, B. K., & Riva, G. (2012). The quest for presence: The evolution of virtual reality from visual simulation to virtual reality therapy. Cyberpsychology, Behavior, and Social Networking, 15(5), 231-234.

1. O Futuro da RV na Psicanálise

- Riva, G., & Wiederhold, B. K. (2019). What the Metaverse is (really) and why we need to know about it. Cyberpsychology, Behavior, and Social Networking, 22(5), 355-359.
- Slater, M., & Sanchez-Vives, M. V. (2016). Enhancing our lives with immersive virtual reality. Frontiers in Robotics and AI, 3, 74.
- Botella, C., Fernández-Álvarez, J., Guillén, V., García-Palacios, A., & Baños, R. (2017). Recent progress in virtual reality exposure therapy for phobias: A systematic review. Current Psychiatry Reports, 19(7), 42.
- Wiederhold, B. K., & Riva, G. (2012). The quest for presence: The evolution of virtual reality from visual simulation to virtual reality therapy. Cyberpsychology, Behavior, and Social Networking, 15(5), 231-234.

2. Impactos Éticos e Sociais

- Madary, M., & Metzinger, T. K. (2016). Real virtuality: A code of ethical conduct. Recommendations for good scientific practice and the consumers of VR-technology. Frontiers in Robotics and AI, 3, 3.
- Slater, M., & Sanchez-Vives, M. V. (2016). Enhancing our lives with immersive virtual reality. Frontiers in Robotics and AI, 3, 74.
- Rizzo, A. A., & Koenig, S. T. (2017). Is clinical virtual reality ready for primetime? Neuropsychology, 31(8), 877-899.

- Wiederhold, B. K., & Riva, G. (2012). The quest for presence: The evolution of virtual reality from visual simulation to virtual reality therapy. Cyberpsychology, Behavior, and Social Networking, 15(5), 231-234.

3. Regulamentação e Normas

- Wiederhold, B. K., & Riva, G. (2012). The quest for presence: The evolution of virtual reality from visual simulation to virtual reality therapy. Cyberpsychology, Behavior, and Social Networking, 15(5), 231-234.
- Rizzo, A. A., & Koenig, S. T. (2017). Is clinical virtual reality ready for primetime? Neuropsychology, 31(8), 877-899.
- Madary, M., & Metzinger, T. K. (2016). Real virtuality: A code of ethical conduct. Recommendations for good scientific practice and the consumers of VR-technology. Frontiers in Robotics and AI, 3, 3.
- Botella, C., Fernández-Álvarez, J., Guillén, V., García-Palacios, A., & Baños, R. (2017). Recent progress in virtual reality exposure therapy for phobias: A systematic review. Current Psychiatry Reports, 19(7), 42.

4. Reflexões: Integração de Tecnologia e Psicanálise

- Wiederhold, B. K., & Riva, G. (2012). The quest for presence: The evolution of virtual reality from visual simulation to virtual reality therapy. Cyberpsychology, Behavior, and Social Networking, 15(5), 231-234.
- Rizzo, A. A., & Koenig, S. T. (2017). Is clinical virtual reality ready for primetime? Neuropsychology, 31(8), 877-899.

- Madary, M., & Metzinger, T. K. (2016). Real virtuality: A code of ethical conduct. Recommendations for good scientific practice and the consumers of VR-technology. Frontiers in Robotics and AI, 3, 3.
- Botella, C., Fernández-Álvarez, J., Guillén, V., García-Palacios, A., & Baños, R. (2017). Recent progress in virtual reality exposure therapy for phobias: A systematic review. Current Psychiatry Reports, 19(7), 42.

Conclusão do Capítulo 5

- Wiederhold, B. K., & Riva, G. (2012). The quest for presence: The evolution of virtual reality from visual simulation to virtual reality therapy. Cyberpsychology, Behavior, and Social Networking, 15(5), 231-234.
- Rizzo, A. A., & Koenig, S. T. (2017). Is clinical virtual reality ready for primetime? Neuropsychology, 31(8), 877-899.
- Madary, M., & Metzinger, T. K. (2016). Real virtuality: A code of ethical conduct. Recommendations for good scientific practice and the consumers of VR-technology. Frontiers in Robotics and AI, 3, 3.
- Botella, C., Fernández-Álvarez, J., Guillén, V., García-Palacios, A., & Baños, R. (2017). Recent progress in virtual reality exposure therapy for phobias: A systematic review. Current Psychiatry Reports, 19(7), 42.

Conclusão do E-book

- Wiederhold, B. K., & Riva, G. (2012). The quest for presence: The evolution of virtual reality from visual simulation to virtual reality therapy. Cyberpsychology, Behavior, and Social Networking, 15(5), 231-234.
- Rizzo, A. A., & Koenig, S. T. (2017). Is clinical virtual reality ready for primetime? Neuropsychology, 31(8), 877-899.
- Madary, M., & Metzinger, T. K. (2016). Real virtuality: A code of ethical conduct. Recommendations for good scientific practice and the consumers of VR-technology. Frontiers in Robotics and AI, 3, 3.
- Botella, C., Fernández-Álvarez, J., Guillén, V., García-Palacios, A., & Baños, R. (2017). Recent progress in virtual reality exposure therapy for phobias: A systematic review. Current Psychiatry Reports, 19(7), 42.
- Wiederhold, B. K., & Bouchard, S. (Eds.). (2014). Advances in Virtual Reality and Anxiety Disorders. Springer.

www.ingramcontent.com/pod-product-compliance
Lightning Source LLC
Chambersburg PA
CBHW071008250726
48653CB00005B/1560